귀신의 세력을 쫓아내는 능력

맥스웰 휘트 지음 / 이충율 옮김

우리들의 현대 조선문학

차 례

- 책 머리에 ·· 7
- 저자서문 ·· 11

제 1 부   귀신을 알아야 한다

1. 사단의 모습 ·· 17
2. 귀신들의 세계 ······································ 39
3. 귀신으로부터 보호하는 방법 ················ 61
4. 다가오는 귀신들 ·································· 77
5. 끊임없는 귀신 쫓기 ····························· 91
6. 사람들을 자유케 하기 ························ 107

제 2 부   귀신과 맞서야 한다

7. 귀신과 귀신 쫓기 ······························ 127
8. 귀신과 그리스도인 ····························· 141
9. 귀신들의 종류 ···································· 165
10. 귀신 쫓기 사역 ································· 189
11. 귀신 쫓기의 방해물 ·························· 227

책·머·리·에

이 책은 귀신의 실체와 활동 및 귀신 축출에 대해서 해답을 얻고자 하는 사람들이 반드시 읽어야 할 책이다. 만약 당신이 귀신의 세력에서 구출받고자 발버둥치고 있다면, 이 책은 흑암의 깊은 곳에 처해 있는 당신에게 희망을 줄 것이다. 그리고 만약 당신이 영적 전쟁에 대하여 우려하여 귀신 축출에 관해서 더욱 풍성하게 배우기 원한다면 이 책에 실린 진리들이 매우 귀중한 도움이 될 것이다.

당신은 지금 맥스웰 휘트(Maxwell Whyte)의 40년간의 사역 체험에서 도움을 얻을 것이다. 이 책을 읽고 연구할 때, 귀신의 세력을 다룰 수 있는 실제적이고도 성경적인 도구들을 지니게 될 것이다. 또한 귀신들에게 붙잡혀 있는 사람들을 자유롭게 하는 방법과, 영적 억압과 약물 중독과 질병과 정신 질환과 설명할 수 없는 우발적인 행위에 속박당한 사람들을 돕는 방법을 배우게 될 것이다.

맥스웰 휘트는 영계(靈界) 연구 분야의 선구자이다. 맥스웰은

1948년에 성령의 인도하심으로 귀신의 활동과 영적 전쟁을 이해하게 됨으로써, 친숙한 지표도 없고 불확실하기만 하던 분야의 사역에 뛰어들었다. 선구자들의 경우에 흔히 그러하듯이 맥스웰은 기독교 공동체에서 이해받지 못하고 조롱당하고 배척받았다. 그리고 심지어 자신의 고향에서도 그러하였다. 이 엄청난 박해에도 불구하고 맥스웰은 사단의 세력을 대항하는 전쟁터로 앞서 나아갔다. 그리고 그는 귀신 축출 사역이 성경에 기초하며 이 사역이 그의 생전에 교회에서 다시 활성화되리라 확신하였다.

1950년에 맥스웰은 자신의 체험을 기록하기 시작했다. 그리고 25년 동안 18권의 책을 저술하였다. 그의 처녀작 『보혈의 능력』(*The Power of the Blood*)은 전세계에 널리 보급되었는데, 그 판매 부수는 무려 30만 부를 돌파하였으며 7개 국어로 번역되었다. 삶을 변화시키는 메시지가 담겨 있는 이 책은 최근에 중국어로 번역되었으며 이제 중국어권 모든 지역에 보급될 것이다. 맥스웰은 이 계획을 알았지만 1988년 5월에 주님께서 하늘 나라로 부르셨기 때문에 생전에 이 계획이 성취된 것을 보지 못했다.

당신이 지금 손에 들고 있는 이 책은 맥스웰 휘트의 초기 저서 『귀신을 제압하려면』(*Dominion Over Demons*)과 『귀신 축출 교범』(*A Manual on Exorcism*)을 한 권으로 재편집한 책이다. 편집자는 이 두 권의 책에 대한 독자들의 부단한 수요에 힘입어 기독교 공동체에 유용한 이 책들을 다시 한번 간행할 필요가 있음을 깨달았다. 이 책이 선포하는 자유의 메시지는 귀신의 활동이 증가하고 있는 오늘 이 시대에 더욱 널리 퍼져 나가야만 한다. 그리고 나는 저자의 아들로서 이 개정판의 서문 쓰는 것을 영광으로 생각한다.

현재 나는 아버지가 31년 동안 목회하였던 교회에서 목회하는 특권을 누리고 있다. 나는 이 교회에서 성장하였다. 그리고 나에게는 선친께서 내게 가르쳤던 진리들을 이제 다른 사람들에게 가르쳐야 할 책임이 있다. 선친은 귀신 축출 사역이 좀더 거부감 없이 받아들여지도록 길을 닦아 놓았다. 그 분은 영적 전쟁의 실체를 이해시키는 면에서 세계 도처에 있는 몸된 교회에 매우 귀한 공헌을 하였다. 그 분은 나의 육신의 부친일 뿐만 아니라 영적 부친이었다. 따라서 나는 그 분에게서 받은 은혜에 보답해야 한다.

예수께서는 "나의 하는 일을 저도 할 것이요 또한 이보다 큰 것도 하리니 이는 내가 아버지께로 감이니라"(요 14:12)고 말씀하셨다. 교회가 예수께서 이 세상에서 행하셨고 선포하셨던 사역, 즉 눈먼 자를 보게 하고 포로 된 자와 눌린 자를 자유케 하는 사역을 감당해야 할 때가 왔다. 이 책의 진리들이 이와 같은 각성을 촉진시키는 데 도움이 되기 바란다.

스티븐 휘트
캐나다 온타리오 스카보로
데이스프링 교회 담임 목사

저·자·서·문

내가 처음으로 귀신을 쫓아내는 사역을 했던 대상은 태어날 때부터 고질적인 천식으로 시달려 왔던 사람이었다. 그 사람은 우리에게 기도를 요청하러 오기 전에 당시 교회에서 널리 알려진 전통적인 방법으로 기도했다. 그러나 그러한 방식의 기도는 아무런 효험이 없었다. 우리가 간구의 기도가 아닌, 힘있는 명령의 기도를 했을 때 깜짝 놀랄 일이 발생했다.

우리가 예수의 이름으로 천식이 떠날 것을 명령하자마자 천식 증상을 일으켜 왔던 귀신이 그 사람에게서 나오기 시작했다. 1시간 30분이 경과하자 그 사람은 완전하고도 영구적으로 치유되었다.

아내와 나는 그 광경을 보고 놀라움을 금치 못했다. 우리는 신학적 지식으로 이러한 일을 행하지 않았다. 왜냐하면 우리는 어떠한 신학에서도 귀신 축출에 대해서 배우지 못했기 때문이다. 우리는 실험적으로 귀신을 쫓아냈다. 즉, 우리는 귀신 들린 자를 자유케 할 수 있는 어떤 방법이나 체계적인 방식을 기꺼이 도입

해 보았다.

우리는 이 첫번째의 귀신 축출로 말미암은 치유 사건을 통하여, 실질적으로 전혀 알지 못했던 문제에 대해 어렴풋하게나마 깨닫게 되었다. 이 사건은 귀신 축출 사역의 기초가 되었다. 그리고 그 후 30년 동안 우리는 매우 흥미로운 몇 가지 경우들과 불가사의한 수많은 사건들을 체험하였다. 우리가 부딪친 각각의 경우를 기꺼이 해결하고자 애쓸 때마다 하나님은 성령을 통해서 점진적으로 우리를 가르치셨다.

나는 애초 귀신 축출에 관해 아주 무지하였다. 그러나 나는 성공과 실패를 거듭하며 귀신 축출에 대하여 배워 나갔다. 우리는 수많은 과오를 범하였지만 몇 가지 놀라운 귀신 축출을 목격하기도 했다. 다행히, 나는 그리스도인은 귀신 들리지 않는다고 배운 적이 없었다. 사실상 나는 귀신들에 대해서 전혀 배우지 못했다. 이 분야에 대해서는 그야말로 일자 무식이었다.

우리가 "귀신 축출 사역"에 전념하고 있다는 소문이 퍼지자 귀신들에게 시달리던 수많은 사람들이 해마다 우리를 찾아왔다. 그리고 그들 중에서 대다수의 사람들이 온전하게 되었거나 최소한 부분적으로나마 귀신에게서 놓임을 받았다. 그러나 일부 사람들은 우리가 그들을 괴롭히고 있는 귀신들을 쫓아내려고 많은 시간을 들였음에도 불구하고 여전히 귀신들에게서 벗어나지 못했다. 우리는 귀신 축출이 성공했을 때는 기뻐했지만 실패했을 때는 실패의 원인에 대해서 부단히 주님께 여쭈었다. 주님은 차츰 차츰 우리에게 실패의 원인을 가르쳐 주셨다. 그러자 성공하는 확률이 점점 높아졌다.

우리는 귀신 축출에 관해서 많은 사실을 배웠다. 그러나 아직도 우리가 알아야 할 사실은 더 많이 남아 있는 실정이다. **모든 귀신 축출 사역은 하나님의 무한하신 사랑으로, 갇힌 자들을 자유케 하는 사역인 것 같다.**

나는 독자들이 나를 귀신 쫓아내는 전문가로 여기지 않았으면 한다. 그보다는 중대한 사역에 대한 지식을 독자들에게 전하라고 주님께서 보내신 종에 불과하다고 보아 주었으면 한다. 이 사역을 통해 과거 수천 명의 사람들이 자유케 되었으며 오늘날에도 계속 그런 일이 일어나고 있다.

이 책은 사색으로 기술한 이론적인 신학서가 아니라 사람들의 필요에 부응하는 실제적이고도 실용적인 책이다. 그리고 이 책은 지금도 귀신 축출 사역에 활용되고 있다.

H.A. 맥스웰 휘트

제 1 부

귀신을 알아야 한다

큰 용이 내어쫓기니 옛 뱀 곧
마귀라고도 하고 사단이라고도 하는
온 천하를 꾀는 자라 땅으로
내어 쫓기니 그의 사자들도
저와 함께 내어쫓기니라(계 12 : 9)

1

사단의 모습

내가 버뮤다 해밀턴의 시 의회 의사당에서 설교했을 때 어떤 스코틀랜드인 여자가 치유와 귀신 축출에 관한 나의 그 메시지를 진지하게 경청하고 있었다. 몇 달 후에 그녀는 토론토에 있는 우리 교회를 방문하여 자신의 관절염 치유를 위한 기도를 요청하였다. 그러나 나는 이 여자가 강신술(降神術)을 행하는 사교(邪敎) 집회에 정기적으로 참석하고 있으며 기독교 신앙과는 전혀 관계가 없다는 사실을 이미 알고 있었다. 그러나 그녀는 낫고 싶다는 간절한 바램 때문에 나를 찾아왔다.

나는 솔직하게 대화해야 한다고 분명히 말했다. 그리고 그녀가 강신술 집회에 참석하는 게 사실인지 물어 보았다.
"그래요."
그녀는 대답했다.

"그리고 저는 그런 집회에서 많은 도움을 받았어요. 저는 이러한 집회를 통해서 훨씬 가깝게 하나님을 만났어요. 그리고 하나님은 저를 아주 많이 도와주셨답니다."

나는 모든 형태의 비술(秘術)을 성경이 명백하게 금지하고 있다고 그녀에게 조용히 말해 주었다. 하나님께서는 그런 활동에 참여하는 모든 사람들을 그분의 면전에서 제거하거나 끊어 버릴 것이라고 말씀하셨다. 이 말씀은 그녀가 하나님을 아주 가깝게 느끼고 있다고 한 증언과는 정반대였다.

『하나님께서 모든 형태의 강신술을 명백하게 금지하셨다는 사실이 성경에 기록되어 있는데 이러한 구절들을 확인해 보시겠습니까?』라고 나는 물어 보았다.
"예, 보여 주세요."
그녀가 이렇게 열린 마음을 보인 것은 성령께서 역사하셨다는 증거였다. 나는 다음과 같은 성경 구절들을 제시하였다.

"너희는 신접한 자와 박수를 믿지 말며 그들을 추종하여 스스로 더럽히지 말라 나는 너희 하나님 여호와니라"(레 19 : 31).

"음란하듯 신접한 자와 박수를 추종하는 자에게는 내가 진노하여 그를 그 백성 중에서 끊으리니"(레 20 : 6).

"혹이 너희에게 고하기를 지절거리며 속살거리는 신접한 자와 마술사에게 물으라 하거든 백성이 자기 하나님께 구할 것이 아니냐 산 자를 위하여 죽은 자에게 구하겠느냐 하라 마땅히 율법과 증거의 말씀을 좇을지니 그들의 말하는 바가 이 말씀에 맞지 아니하면 그들이 정녕히 아침 빛을 보지 못하고"(사 8:19, 20).

그녀는 이 구절들의 의미를 곧 납득하였다. 그녀는 즉시 모든 형태의 비술과 강신술에서 손을 뗐다. 이 여성은 하나님께서 그러한 모든 형태들을 금하신다는 사실을 몰랐던 것이다. 그녀는 진리 앞에서 매우 겸손하였다.

내가 그녀를 위하여 기도했을 때 주님께서는 즉시 그녀의 관절염과 고통을 치유하셨다. 그녀는 치유된 지 일 주일 후에 교회에 출석했으며 강력한 성령 세례를 받아 방언을 하였다. 그녀는 스코틀랜드에서 정기적으로 나에게 편지를 보냈으며 굳건한 신앙의 사람이 되었다.

불가사의한 귀신의 능력

강신술과 비술을 추종하는 사람들은 놀랍고도 입증할 수 있는 기사(奇事)와 이적을 행한다. 그들의 능력을 부인하는 것은 어리석은 짓이다. 물체들이 갑자기 나타나기도 하고 사라지기도 하는 일이 일어날 수 있다.

생명체가 아닌 사물이 공중에 떠오르는 일은 실제로 일어난다. 가령, 꽃병이나 음료수 잔 같은 물건들이 방을 가로질러 날아가거나 벽에 충돌하여 산산조각이 날 수 있다. 식탁이 벽을 타고 걸어갈 수 있으며 "다른 방언들"을 포함한 음성이 트럼펫이나 혹은 다른 물체들을 통하여 들릴 수 있다.

나는 한 유대인 친구의 말을 기억한다. 그는 호주의 뉴케슬에서 몇 사람과 함께 있었던 적이 있는데 그들 중 한 사람이 비술을 행하는 사람이었다. 그 사람은 그들이 앉아 있는 방안에 어떤 것이든지 나타나게 할 수 있다고 자랑하였다.
내 친구는 즉시 남태평양의 참치가 나타나게 해 보라고 했다. 요구하기가 무섭게 물에 젖어 펄떡거리는 커다란 참치 한 마리가 방 한가운데에 나타났다.

어떻게 해서 참치가 거기에 있게 되었는가? 그곳에 없었던 이 물고기가 어떻게 나타날 수 있었는가? 어떻게 해서 생명이 없는 물체가 인력(引力)이라는 자연 법칙을 무시하고 공중으로 떠오를 수 있는가? 이 모든 기사와 이적들은 "속임수"인가 아니면 진짜인가?

내 친구들은 이러한 일들이 정말 일어날 수 있지만 하나님에게서 비롯되지 않았다고 대답한다. 그것들은 귀신의 능력을 통해서 나타났다. 육안으로 보이지 않는 존재인 귀신들은 유리잔을 옮기고 식탁을 벽으로 걸어다니게 하며 바다에서 나는 참치와 같은 물고기를 방안으로 운반한다. 귀신들은 우리가 알지도 깨닫지도 못하는 법칙을 갖고 있다. 하나님의 거룩하신 말씀에 불순종함으로써 귀신들의 활동에 개방되어 있는 사람은 누구라도 귀신들이 행사하는 이와 같은 능력의 앞잡이가 될 수 있다.

바로(Pharaoh)의 궁정에 있었던 두 마술사는 오늘날의 아프리카 주술사처럼 제한된 능력을 가지고 있었다. 그러나 어쨌든 그 나름의 능력을 발휘했다. 모세의 지팡이가 뱀으로 변하자 그들의 지팡이도 이와 똑같이 뱀으로 변하였다(출 7:10~12 참조).

그러나 우리는 사단이 창조 능력을 지니고 있지 않다는 사실을 반드시 기억해야 한다. 오직 하나님만이 그분의 말씀으로 창조하실 수 있으며 실제로 창조 사역을 행하신다. 사단은 자신의 목적을 위하여 하나님의 것들을 탈취하고 남용하는 혼란과 파괴 외에는 아무것도 창조할 수 없다.

우리는 바로의 궁정에 있었던 두 마술사가 두 마리 뱀을 창조했다고는 믿지 않는다. 우리는 그 두 사람이 귀신의 능력을 사용하여 두 마리 뱀을 숲 속에서 바로의 궁정으로 옮겨 왔다고 믿는다. 하나님께서 창조하신 모세의 뱀은 두 마술사가 옮겨 온 두 마리의 자연산 뱀을 삼켜 버렸다. 이러한 사실은 하나님이 사단보다 위대하시며 하나님의 권능이 사단의 권능을 압도한다는 것을 보여 준다.

선한 영들과 악한 영들?

사람은 귀신과 의사 소통할 수 있다. 그리고 이러한 일을 행하는 사람은 이것이 단지 실내 놀이나 무해한 유희에 지나지 않는다고 생각한다. 수많은 사람들이 "무해한 마술"과 "해로운 마술"이 있다고 믿으며 전자는 "선한 영들"이 행하고 후자는 "악한 영들"이 행한다고 구분한다. 그러나 수많은 악령들이 사람들을 기만하기 위하여 선한 영들로 가장한다. 심지어 자신들을 광명의 천사로 가장할지라도 모든 귀신은 악하다(고후 11:14 참조).

사람들은 강신술사의 영매(靈媒)와 강신술 집회에서 실제로 일어나는 일에 관해서 상당히 그릇된 생각을 갖고 있다. 강신술사들이 주장하는 바와는 달리 영매들은 죽은 자와 의사 소통하는 것이 아니다. 영매들은 죽은 자들을 모방한 악령들과 의사 소통한다.

수년 동안 귀신 들린 사람을 생각해 보라. 그 사람이 죽으면 그에게 붙어 있던 귀신은 육체에서 분리된 상태로 돌아다니며 자신이 들어가기에 무난한 다른 사람을 찾는다. 만일 어떤 영매가 이 귀신과 기꺼이 의사 소통한다면, 이 귀신은 죽은 자를 자연스럽게 흉내낼 수 있으며 이렇게 하여 강신술 집회에 참석한 순진한 사람들을 농락한다.

또한 많은 사람들이 악령들이 출몰하는 폐가(廢家)들에 대해서 그릇된 생각을 한다. 어떤 사람들은 죽은 사람들의 유령들이 이 같은 폐가에 살고 있다고 생각한다. 그러나 그들의 생각은 사실이 아니다.

귀신들은 사람이 거주하고 있는 집에도 출몰한다. 그리고 그들은 밤이나 낮 중 어느 시간에 쿵쾅거리며 소란을 피운다. 이러한 일들은 실제로 일어난다. **그러나 그리스도인은 귀신들을 두려워할 필요가 없다. 왜냐하면 그리스도인은 귀신의 능력을 물리칠 수 있는 예수의 이름과 보혈을 지니고 있기 때문이다.**

증가하는 사단의 활동

최근에 나는 미국의 모든 고등학교마다 1명 이상의 마법사가 있다는 사실을 어딘가에서 읽어서 알고 있다. 성경에서는 비술을 행하는 사람을 마술사라고 부른다. 남자 마술사들과 여자 마술사들은 그들과 "친숙한 악령"에 사로잡혀 있는데, 이것은 성경에서 명백하게 금하고 있다.

"…너는 그 민족들의 가증한 행위를 본받지 말 것이니 그 아들이나 딸을 불 가운데로 지나게 하는 자나 복술자나 길흉을 말하는 자나 요술하는 자나 무당이나 진언자나 신접자나 박수나 초혼자를 너희 중에 용납하지 말라 무릇 이런 일을 행하는 자는 여호와께서 가증히 여기시나니"(신 18:9~12).

강신술은 현재 미국의 모든 대학에서 공개적으로 행해지고 있다. 영국에는 마법이 만연해 있으며 브라질에는 비술이 유행하고 있다. **왜 미국과 영국과 브라질 등지에서 사단의 활동이 증가하고 있는가? 그것은 사람이 하나님과 하나님의 말씀에서 떠나면 그 사람의 영혼에 형성된 빈자리가 "악령들"로 가득 채워지기 때문이다.**

어여쁜 16세 소녀가 기도를 요청하려고 나를 찾아온 적이 있다. 그녀는 교회에서 흔히 볼 수 있는 류의 소녀 같았다. 그러나 사단은 사람의 외모를 이용하는 교활한 사기꾼이다. 처음에 이 소녀는 자신이 마약을 복용해 왔다고 말했다. 그 다음에 그녀는 학교에서 마법사로도 활동하고 있다고 고백하였다. 확실히 그녀는 두 종류의 귀신에 들려 있었다.

나는 그녀의 머리에 손을 얹고 귀신들을 책망했으며 귀신들을 향해 예수의 이름으로 나오라고 명령했다. 귀신들은 예수의 이름과 예수께서 흘리신 보혈 앞에 자신들이 무력하다는 사실을 깨달았기 때문에 소리 지르며 그녀에게서 떠나기 시작했다. 귀신들은 근 한 시간 동안 소리를 지르며 그녀를 질식시켰다. 이러한 광경에 놀란 수많은 그리스도인 학생들은 그녀에게서 귀신들이 완전히 쫓겨날 때까지 그녀를 위하여 중보 기도를 했다.

나는 그녀에게 성령 충만함을 받는 것이 어떻겠냐고 권유하였다. 그녀는 즉시 동의하였다. 그리고 그녀는 기도로 예수의 보혈을 간구하고 사모해야 함을 깨달았다. 성령께서 그녀에게로 들어

가시자마자 그녀는 아름다운 방언을 하기 시작했다. 나는 이 놀라운 변화를 보고 놀랐다. 이러한 변화는 예수께서 그녀를 도우셨기 때문에 이루어진 것이었다.

귀신 축출의 필요성

나는 앞에서 열거한 사례들이 "시온에서 안일한 자"(암 6:1)인 대다수의 그리스도인들에게 충격을 줄 것이라고 생각한다. 신랑이신 그리스도께서 재림을 지체하는 동안 교회는 졸거나 잠자느라 이 위대한 진리의 많은 부분을 잊어버린다(마 25:5 참조). 그러나 하나님은 오늘날에도 귀신 축출을 행하신다. 오랜 기간 동안 드러나지 않았던 귀중한 비밀들이 성령으로 말미암아 드러나고 있다.

얼마나 많은 그리스도인들이 실제로 귀신의 세력과 싸우고 있는가? 얼마나 많은 그리스도인들이 복음의 갑주로 무장하고 있는가? 우리의 교회들은 군대의 병영이기보다는 친교 단체에 더 가깝지 않은가! 우리는 우리의 적을 알지 못할 뿐만 아니라 적과 싸우라고 하나님께서 우리에게 주신 무기들 또한 알지 못하고 있는 실정이다. 우리는 하나님의 나라를 대적하는 세력들과 싸우려고 하지 않는다. 즉, 우리는 현실의 문제와 싸우기보다는 하늘 나라에 가기만을 꿈꾼다.

오늘날 우리의 교회들에 참석하는 대다수의 사람들은 귀신에게서 놓임 받아야 할 필요가 있다. 이 대다수의 사람들은 귀신들에게 속박되어 있으며 억압받고 있다. 그리고 그들의 특정한 행태의 일부는 귀신들의 영향에서 비롯된 것이다.

어느 주일 오전에 나는 뉴욕의 브룩클린에 있는 순복음 교회에서 말씀을 전하게 되었다. 그 교회 목사와 사모는 뉴욕의 리마에 있는 신학교를 최근에 졸업하였다. 그 목사는 찬송을 인도하고 있었다. 그때 회중 가운데 있던 한 여인이 얼굴 가득히 고통이 어리고 일그러진 채로 갑자기 좌우로 흔들리기 시작하였다. 급기야 그녀는 자신의 옆 사람들과 부딪치기 시작했다. 내가 보기에 그녀는 확실히 고통에 시달리고 있었다.

나는 그 교회 목사에게 이렇게 말하였다.
"저기에 앉은 저 여인을 주시해 보았습니까? 저 여인이 나타내는 증상은 귀신의 활동에서 비롯된 최악의 증상입니다."
『어떻게 해야 합니까?』
그 광경에 놀라 젊은 목사가 질문하였다.

이와 같은 상황에서 가장 필요한 것은 성령의 은사이다. 주님은 나를 감동시키사 통로로 걸어 내려가 그 여인에게 말하라고 하셨다. 그러나 그 시점에서 나는 하나님께서 내가 그녀에게 말하는 것을 원하시는지 깨닫지 못했다. 그러나 잠시 후에 하나님의 뜻을 깨닫자마자 나는 그 목사를 격려하여 내가 그녀와 말하는 동안에 찬송을 계속 인도해 달라고 부탁했다.

"자매님, 고통을 받고 계시는군요"라고 나는 그녀에게 말했다. 『네, 그래요』라고 그녀는 대답했다.

그때에 나는 그녀에게 예배가 계속되는 동안에 기도하라고 권하였다. 그리고 다시 강단으로 돌아오기 전에 나는 그녀에게 주님의 이름으로 자리에 앉아 기도하라고 말하였다.

예배가 끝나갈 때 아내와 나는 그녀에게로 다가가서 우리가 그녀를 위해 기도해 주기 원하는지 물어 보았다. 그녀는 우리의 기도를 원하였다. 그래서 나는 예수의 이름으로 귀신을 꾸짖었다. 그 즉시 섬뜩한 괴성이 들리기 시작했다. 나는 재빨리 예배당을 돌며 모든 창문을 닫았다. 그때는 여름철이었다. 교인들은 자기들 앞에서 벌어지고 있는 일을 보고 깜짝 놀랐다.

내가 창문을 닫고 돌아오는 동안에 아내는 그 여인의 어깨를 손으로 눌러서 그녀가 마룻바닥을 뒹굴지 못하게 하였다. 이 여인 안에 있는 귀신들은 심하게 요동했다. 대략 10분간의 비명과 격렬한 기침이 끝난 후에 그녀는 귀신에게서 놓임 받았다.

귀신의 속박에서부터 영광스런 해방을 체험한 후에 그녀는 즉시 이렇게 물었다.
『왜 예전에 나에게 이러한 일을 행해 준 사람이 없었을까요?』
이 얼마나 애처럽고도 합당한 질문이란 말인가! 어째서 그녀를 도울 사람이 없었던가?

귀신 축출 사역은 수많은 이유로 기독교회에서 무시되어 왔다. 대부분의 목회자들과 교회들은 이 미지의 것을 두려워하였기 때문에 귀신 축출 사역을 회피하였다. 하나님은 귀신 축출에 관한 성경적인 가르침을 회복하셔서 오늘날 사람들이 이 사역을 행할 수 있게 준비시키고 계신다.

귀신들의 유래

많은 사람들은 귀신들의 특성이나 활동에 대해 아는 바가 없다. 대다수의 그리스도인들은 천사들이 구원의 후사(後嗣)들에게로 보내심을 받아 활동하고 있다는 사실은 알고 있다(히 1:14/시 91:11 참조). 그러나 불행하게도 우리는 이 세상에서 하나님의 나라를 대적하는 영적 세력이 있다는 사실을 흔히 망각한다. **악한 천사들(여호와의 신실한 종이라는 고귀한 지위를 박탈당한 존재들)은 하나님께 대한 반역 계획이 실패하여, 아침의 아들 또는 사단이라고도 하는 루시퍼(Lucifer, 계명성)와 함께 하늘 나라에서 추방되었다.**

"큰 용이 내어쫓기니 옛 뱀 곧 마귀라고도 하고 사단이라고도 하는 온 천하를 꾀는 자라 땅으로 내어쫓기니 그의 사자들도 저와 함께 내어쫓기니라"(계 12:9).

또한 성경은 하나님께서 이 타락한 천사들을 사용하여 그분께 의도적으로 불순종하는 자들에게 고통을 주셨다는 사실을 가르친다.

"그 맹렬한 노와 분과 분노와 고난 곧 벌하는 사자들을 저 희에게 내려 보내셨으며"(시 78 : 49).

그 다음 절(50절)은 악한 천사들이 하나님의 심판인 치명적인 염병을 일으켰음을 암시한다. 이 타락한 천사들은 "큰 날의 심판까지 영원한 결박으로 흑암에 감금되었다"(유 6절). 주 예수 그리스도께서 재림하실 때에 사단은 천 년 동안 무저갱으로 추방될 것이다(계 20 : 1~3 참조).

사단은 자신의 부하들과 함께 하늘 나라에서 추방되었을 때에도 인간과 모든 피조물을 능가하는 권세를 지니고 있었다. 사실상 사단은 모든 생명체에 영향을 끼칠 수 있다. 그리고 사단은 지구를 감싸고 있는 공중에서 아주 확실한 영향력을 행사하고 있다. 따라서 사도 바울은 사단을 일컬어 "공중의 권세 잡은 자"라고 칭하였다(엡 2 : 2).

이 아름다운 피조물은 한때 루시퍼라고도 했는데, 이 이름은 "계명성"(啓明星)이라는 뜻이다(사 14 : 12 참조). 그는 피조된 모든 천사들 중에서 가장 높은 지위를 차지하고 있었다. 그러나 그는 하나님의 권좌를 찬탈하려고 시도했다. 루시퍼는 교만하게도 다섯 가지 선언을 하였다.

"내가 하늘에 올라 하나님의 뭇별 위에 나의 보좌를 높이리라 내가 북극 집회의 산 위에 좌정하리라 가장 높은 구름에 올라 지극히 높은 자와 비기리라"(사 14 : 13, 14).

루시퍼는 하늘 나라에서 추방당했을 때 자신의 권세나 능력을 상실하지 않았다. 하나님께서 허용하셨기 때문에 오늘날에도 루시퍼는 지상에 살고 있는 피조물에게 자신의 능력을 행사한다. 그러므로 그의 능력은 예수 다음으로 첫째이며 수많은 사람들이 생각하는 것보다도 훨씬 막강하다.

그러나 사단은 결국 철저하게 패망할 것이다. 아래에 인용한 성경 구절은 루시퍼에 대한 심판을 묘사하고 있다.

"그러나 이제 네(루시퍼)가 음부(陰府) 곧 구덩이의 맨 밑에 빠치우리로다 너를 보는 자가 주목하여 너를 자세히 살펴보며 말하기를 이 사람이 땅을 진동시키며 열국을 경동(驚動)시키며 세계를 황무케 하며 성읍을 파괴하며 사로잡힌 자를 그 집으로 놓아 보내지 않던 자가 아니뇨 하리로다"(사 14:15~17).

악령들

그리스도인들은 사단이 전지 전능하지 않다는 사실을 반드시 기억해야 한다. 사단의 능력은 한계가 있다. **사단은 세상에 끊임없이 재난을 초래하는 자신의 악한 역사(役事)를 위하여 엄청나게 많은 악령들이나 타락한 천사들을 이용하여 자신의 뜻을 실행한다.** 의심할 나위없이 이 악령들은 군사령관이나 지휘관의 명령하에 움직이는 엄격한 지휘 계통의 군대처럼 효과적으로 통제된다.

우리는 이 악령들의 수효가 얼마나 되는지 구체적으로 알지 못한다. 하지만 그들의 수효가 엄청나게 많다는 것은 분명하다. 가다라 지방의 귀신 들린 가련한 사람은 "레기온"(legion)이라는 귀신들에 잡혀 있었다. 『스미스 표준 성경 사전』(Smith's Standard Bible Dictionary)에 따르면 한 "레기온"이 대략 6,000명의 군사로 구성되어 있으며, 명령과 복종으로 이 엄청난 성원들이 움직인다고 한다(마 26:53/막 5:9 참조).

하나의 악령이나 그 이상의 악령들이 활동한 직접적인 결과로 수많은 사고와 불운과 분쟁과 질병과 질환과 불행이 초래된다는 것은 분명하다.

악령들은 육체적인 형태가 없다는 것을 제외하고는 인간과 아주 유사한 존재들이다. 이것이 악령들이 사람이나 짐승(예수께서 가다라에서 군대 귀신을 돼지 떼에게로 추방하신 경우)에게 거주하려고 하는 이유이다. 악령들은 심지어 예전에 자신들이 거했던 사람이 그들의 세력에 대항하기를 그만둘 경우에 그 사람의 육체 속으로 다시 들어갈 수도 있다(마 12:43~45 참조).

빈 공간을 채우는 존재들

로렌스 해몬드(Lawrence Hammond) 박사는 거듭난 원자과학자로서, 귀신의 능력에 관한 자신의 생각이 변화되었던 한 가지 체험담을 이야기하고 있다.

부두교(voodoo, 일종의 다신교로 서인도 제도, 미국 남부의 흑인들이 믿는 종교)가 성행하는 아이티 섬에서 어느 햇살 가득히 내리 비치는 한낮에 어떤 늙은 무당이 맹렬하게 나에게 덤벼들었다. 그녀는 얼굴에 무시무시한 부두교 가면을 쓰고 있었고 이빨은 뱀의 이빨처럼 뾰족하였고 손톱은 거칠었다. 어느 누구도 그녀가 귀신 들렸다고 나에게 말해 주지 않았다. 그러나 나는 오로지 예수 보혈의 능력과 예수 이름의 권세와 성령으로 그녀에게서 귀신을 축출할 수 있었다.

나는 오늘날 귀신을 쫓아내는 사람이 있다는 말을 들은 적이 없다. 더구나 나는 수많은 그리스도인들이 대개 귀신들의 존재를 부정한다는 사실을 알고 있었다. 그러나 이 사나운 노파를 통하여 나타난 사단의 권세에 직면함으로써 나는 무척 놀라기도 하였지만, 사단을 능가하는 권능을 받았다고 믿는 그리스도인이 예수의 이름으로 악령들을 축출할 수 있다는 사실도 배웠다.

그러나 나는 더 배워야만 했다. 몇 주간 동안 나는 그녀가 어떻게 해서 귀신이 들렸는지에 대하여 심사 숙고하였다.

과학자인 나는 원자의 공간을 알았다. 그리고 나는 원자 내부에 있는 전자들이 원자의 100분의 1에 불과할 정도로 아주 작다는 사실도 알았다. 또한 나는 인간의 육체가 이같이 "텅 빈" 원자들로 구성되어 있음도 알았다. 우리는 모두 사실상 999,999,999,999개의 빈 공간을 지니고 있는 것이다.

전직 원자과학 교수이자 『원자는 하나님의 말씀을 전하고 반향한다』(The Atom Speaks and Echoes the Word of God)의 저자인 리 체스넛(Lee Chesnut)은 이 빈 공간에 성령이 아니면 사단의 영이 가득 찰 수밖에 없다고 지적하였다. 그는 이렇게 말하였다.
"우리는 사단과 주 예수 그리스도 사이에서 누구를 선택해야 할지 결단해야 한다. 우리가 선택한 존재는 우리를 차지하며 우리의 생명에 가득 차게 된다."

인간을 괴롭히는 귀신

악령들이 사람의 육체로 들어갔을 때, 우리는 그것을 "귀신 들렸다"(demon oppression)고 말한다. 이 귀신들은 귀신 들린 사람의 육체를 이용하여 자신들의 사악한 행위를 한다. 귀신들은 사람들을 지배하고 그들을 통해서 말하는 것을 기뻐한다.

귀신들은 그리스도인들을 염려케 하거나 시험에 빠뜨리거나 미혹할 수 있다. 이러한 현상은 귀신 들림의 또다른 실례(實例)이다. 귀신들은 우리를 패망케 하거나 그리스도인으로서 우리가 항상 지녀야 할 성품을 상실케 한다.

악령들이 사람의 마음을 지배한다면, 이것을 "귀신에 사로잡혔다"(demon obsession)고 말한다. 자신이 용서받지 못할 죄를 범했다고 생각하는 사람은 귀신에 사로잡히게 된다. 그러므로 의심할 나위없이 귀신은 당신이 용서받지 못할 죄에 빠졌다고 말하여 당신을 죄책감 속에 빠뜨릴 수 있다.

또한 귀신들은 사람들을 괴롭히는 수많은 고통을 줄 수 있다. 성경에 묘사되어 있는 악령들은 더럽고 사악하고 흉악하고 귀멀고 벙어리이고 허약하고 불결하고 유혹하는 것들이다.

어떤 사람들은 암이 악령들의 활동으로 말미암은 것이므로, 전능하신 예수의 이름으로 악령들을 쫓아낼 때 그런 활동이 줄어들리라고 믿는다. 관절염과 종양과 청각 장애와 언어 장애가 인간의 육체를 차지한 귀신들이 능동적으로 활동한 결과가 아니라고 어느 누가 반박할 수 있겠는가? 우리는 이러한 질환에 걸린 사람을 "귀신 들렸다"고 하지 않고 귀신들에게 고통스럽게 "시달리고 있다"(afflicted)고 간주한다.

우리는 모든 질병의 근본 원인이 영적인 것이라고 믿는다. 질병의 증상들은 의학적인 방법으로 치료되고 있다. 그러나 우리가 믿음 안에서 사단에 대항하는 무기인 예수 그리스도의 이름과 보혈을 이용한다면 질병이 뿌리째 제거되기 때문에, 신유(神癒)가 일어나는 것을 확실히 보게 될 것이다.

다른 사역에 우선하는 귀신 축출

치유와 귀신 축출은 똑같은 것인가? 예수님은 그렇게 생각하지 않으셨다. 예수님은 신유와 귀신 축출을 명확하게 구별하셨다. 제자들에게 주신 예수님의 마지막 가르침을 살펴보자. 예수님은 제자들에게 하나님의 말씀의 사역을 입증하는 다섯 가지 표적들을 기대하라고 가르치셨다.

"믿는 자들에게는 이런 표적이 따르리니 곧 저희가 내 이름으로 귀신을 쫓아내며 새 방언을 말하며 뱀을 집으며 무슨 독을 마실지라도 해를 받지 아니하며 병든 사람에게 손을 얹은즉 나으리라"(막 16 : 17, 18).

첫번째 표적은 예수의 이름으로 귀신들을 쫓아내는 것이었다. 이 특정한 표적은 육체적 치유의 표적 이전에 언급되었다. 우리는 본문에 언급된 표적들의 순서가 우연한 것인지 아닌지를 알지 못한다. 그러나 우리는 예수께서 귀신 축출을 다른 사역들보다 우선에 두셨다고 생각한다. 왜냐하면 예수님은 항상 중요한 것을 먼저 다루셨기 때문이다. 우리가 먼저 귀신들을 쫓아낸다면 병든 자들을 위하여 기도할 필요조차 없을 경우가 흔히 있다. 즉, 귀신 축출은 모든 치유에 필수 불가결하다.

예수님의 귀신 축출을 공생애의 제일 첫번째 사역으로 기록한 것은 흥미롭다.

"마침 저희 회당에 더러운 귀신 들린 사람이 있어 소리 질러 가로되 나사렛 예수여 우리가 당신과 무슨 상관이 있나이까 우리를 멸하러 왔나이까 나는 당신이 누구인 줄 아노니 하나님의 거룩한 자니이다 예수께서 꾸짖어 가라사대 잠잠하고 그 사람에게서 나오라 하시니 더러운 귀신이 그 사람으로 경련을 일으키게 하고 큰 소리를 지르며 나오는지라 다 놀라 서로 물어 가로되 이는 어쩜이뇨 권세 있는 새 교훈이로다 더러운 귀신들을 명한즉 순종하는도다 하더라" (막 1 : 23 ~ 27).

오늘날 수많은 교인들은 이와 동일한 질문들을 한다. 귀신 축출이란 무엇인가? 이것은 일종의 새로운 교리인가? 모든 그리스도인들은 악령들로부터 사람들을 해방시키라고 부르심을 받았는가?

귀신 축출 사역 때문에 그리스도인들 사이에서 수많은 질문들이 제기된다. 거듭난 그리스도인은 귀신 들릴 수 있는가? 귀신들은 육체적 질병과 정신적 질환을 초래하는가? 귀신 축출 사역은 모든 시대에 걸쳐서 행해져 왔는가? 그리스도인은 스스로 귀신을 쫓아낼 수 있는가? 인간은 어떠한 방식으로 귀신의 영향을 받게 되는가?

그리스도인들이 제기하고 있는 질문들에 대답해야 할 때가 되었다. 이 대답들은 교리나 신학을 더 풍성하게 하기 위한 것이 아니라 사람들을 자유케 하기 위한 것이다.

예수께서 귀신 축출 사역을 매우 중요시하셨다면 우리 또한 이 사역을 매우 중요시해야 하지 않겠는가?

2

귀신들의 세계

"너 더러운 공포의 귀신아, 예수의 이름으로 명하노니 그녀에게서 나오라!"고 나는 명령하였다. 나는 이것 외에는 그녀를 도울 방법이 없음을 알았다. 플로리다의 어느 가정에서 기도 모임이 끝났을 때 몇 사람이 귀신 축출 기도를 위해 그곳에 남기로 결심했다. 귀신 축출을 필요로 하는 사람들 중에는 오랜 기간 목이 경직되어 고통받아 왔던 한 여성이 있었다. 나는 기도를 통해 귀신에게 그녀에게서 나오라고 명하였다. 우리는 즉시 반응을 관찰했다. 그녀가 평정을 되찾기까지 이 귀신은 몇 분 동안 그녀를 질식시키기 시작했다.

그때에 하나님은 그녀가 최초에 어떻게 귀신 들렸는지를 그녀에게 상기시키셨다. 그녀가 다섯 살이었을 때 그녀의 아버지는 잠자리에서 종종 무서운 이야기를 해 주었다. 어느 날 밤 아버지는 이전에 말해 준 무서운 이야기들보다도 훨씬 더 무시무시한 이야기를 해 주었다. 그 이야기의 내용이 너무나도 생생하고 무서웠으므로 그녀는 공포에 휩싸인 채 소리 지르기 시작했다. 어머니가 그녀의 방으로 달려와, 별 나쁜 뜻 없이 무서운 이야기를 해 준 아버지를 방에서 나가라고 했다. 그리고 어머니는 두려움에 떠는 딸 아이를 위로해 주려고 노력했다. 그러나 때는 너무 늦어 버렸다. 두려움으로 인한 충격이 딸 아이를 사로잡았다.

어머니가 방을 나갔을 때 이 어린 소녀는 이불을 뒤집어쓰고, 아버지가 말한 무시무시한 이야기가 생각나 공포로 완전히 경직되었다.

이 무서운 체험의 결과로 공포의 귀신이 이 어린 소녀에게로 들어갔다. 이 더러운 귀신은 15년 동안 그녀에게 머물러 있었을 뿐만 아니라 목을 굳어 버리게 하는 긴장의 귀신을 데려왔다. 우리가 그녀에게서 귀신을 쫓아냈을 때 그녀는 크나큰 위안을 체험했다.

영적 존재인 인간

어떤 사람들은 귀신 축출 사역을 이해하지 못한다. 이제, 성경으로 돌아가 영적 영역에 대한 설명을 살펴보자. 사도 바울은 "평강의 하나님이 친히 너희로 온전히 거룩하게 하시고 또 너희 온 영과 혼과 몸이 우리 주 예수 그리스도 강림하실 때에 흠 없게 보전되기를 원하노라"(살전 5:23)고 기도했다. 인간은 세 가지 요소로 이루어진 존재이다. 첫째는 영이요 둘째는 혼이며 셋째는 육체이다. 그러므로 인간은 본질적으로 영적 존재이다.

태초에 하나님은 흙으로 육체를 만드셨으며, 그 다음에 생명 없는 육체에 생명의 숨결을 불어넣으셨다. 나는 단지 하나님께서 신선한 공기로 아담의 폐를 팽창시켰다고 믿지 않는다. 확실히 아담이 살아 있는 인간이 되기까지에는 그 이상의 일이 요구되었을 것이다. 나는 하나님께서 그분의 생명을 인간에게 불어넣어 주셨다고 믿는다. 하나님은 아담에게 영을 불어넣어 주셨다. 왜냐하면 하나님은 영이시기 때문이다.

인간은 무엇보다도 영적 존재이다. 하나님은 영을 제외한 지성만을 사용케 하려고 인간을 창조하신 것이 아니었다. 그러나 불행하게도 오늘날 교육 체계는 지성 계발에만 관심을 둔다. 인간의 지성이 인간의 지성을 가르치고 있다. 그러나 인간의 영은 완전히 무시되고 있는 실정이다. 사실상 거듭나지 못한 사람들은 자신들의 영적인 욕구를 전혀 깨닫지 못한다. 성경은 이렇게 말한다.

"육(肉)에 속한 사람은 하나님의 성령의 일을 받지 아니하나니 저희에게는 미련하게 보임이요 또 깨닫지도 못하나니 이런 일은 영적으로라야 분변함이니라"(고전 2:14).

지성은 단지 지성의 일들만을 깨닫는다. 그리고 이와 마찬가지로 영은 성령의 것들만을 깨닫는다. 이는 "유유 상종"(類類相從)이라는 옛 속담과 일맥 상통한다. 즉, 같은 것들은 같은 것들끼리 어울린다.

인간의 영적 욕구를 충족시키는 교회에는 영적인 사람들이 모일 것이다. 그러나 대부분의 종교는 단지 세속적인 인간에게만 영합할 뿐이다. 오감(五感)을 지니고 있는 육체는 참된 예배를 육적인 예배로 대치하려는 경향이 있다. 그러나 예수님은 하나님께서 "신령과 진정으로"(요 4:23) 예배하는 자들을 찾으신다고 말씀하셨다.

우리는 마음이나 지성만으로는 하나님께 예배드릴 수 없다. 우리는 종교적 노력으로 하나님께 예배드릴 수 없다. 오래 전에 욥은 "네가 하나님의 오묘를 어찌 능히 측량하겠느냐"(욥 11:7)고 질문했다. 이에 대한 대답은, 측량할 수 없다는 것이다. **우리의 지성과 육체로는 하나님에 관해서 그 어느 것도 알아내거나 발견할 수 없다. 하나님께서 인간을 영적 존재로 만드셨기 때문이다.**

영적인 영역으로 들어가는 문

유유 상종이다.
"깊은 바다가 서로 부른다"(시 42:7).
만일 어떤 인간이 하나님을 찾고자 한다면, 그는 자신의 영(靈)을 통해서 하나님을 볼 것이다. 만일 우리가 어떤 라디오 프로그

램을 청취하고자 한다면, 수신기의 주파수를 송신기의 주파수와 같은 주파수에 정확하게 맞추도록 조정할 것이다. 우리가 청취 가능한 범위 내에 있다면 이러한 방식으로 확실하게 라디오 프로그램을 청취할 수 있다. **이와 마찬가지로 우리가 성령의 역사하심에 우리의 영을 맞춰 놓을 때 우리의 영은 하나님과 의사 소통할 수 있다.**

우리는 영으로 하나님과 의사 소통한다. 이렇게 함으로써 우리는 하나님의 마음을 깨닫기 시작한다. 우리는 하나님께서 우리에게 그분의 마음을 알도록 하셨다는 사실을 깨닫는다(고전 2:16). 또한 우리는 하나님이 생각하시는 바를 생각하기 시작한다. 물론, 우리가 깨닫거나 생각하는 것은 당연히 일부분에 지나지 않는다. 우리의 지성은 하나님과 의사 소통하는 우리의 거듭난 영을 통해 움직인다.

이러한 지성의 활동은 우리가 성령 세례 받았을 때부터 활발해진다. 우리는 하나님께서 영적 은사들, 즉 지혜와 지식의 일과 영들을 분별하는 것과 방언과 그 해석과 예언을 어떻게 베푸시는지 깨닫기 시작한다. 이 영적인 은사들은 성령께서 인간의 영을 통하여 주시는 것이지 인간의 지성을 통하여 주시는 것이 아니다.

영적인 은사들이 우리의 지성을 통해서 주어졌다면, "우리가 그것들을 생각해 냈다"고 말할 수도 있었을 것이다. 그러나 영적인 은사들은 하나님에게서 비롯된 것이므로 우리가 그것들을 고

안해 낸다는 것은 있을 수 없는 일이다. 우리는 영적인 은사들을 우리의 영을 통해 받아들일 뿐이다. 따라서 단지 인간이 고안해 낸 은사가 있다면 그것은 거짓 은사이다.

인간의 영은 인간의 주목을 끌고자 다투는 두 개의 영적 세력들 중에 한쪽을 선택한다. 영적 세력들 중에 한편은 인간에게 거룩한 영향을 미치는 하나님과 천사들이다. 다른 한편은 자신의 영광스런 지위를 상실하고 마귀가 된 사단으로서 사람들을 죄에 빠지도록 유혹한다. 많은 사람들은 사단이 피조된 모든 천사들 중에서 3분의 1 정도를 규합했으며 그 천사들이 현재 모든 인류를 괴롭히는 귀신들로 활동하고 있다고 믿는다. 루시퍼는 사단이 되었고, 하나님의 천사들 중의 일부는 귀신들이 되었다.

일단 거듭남을 체험하고 자신의 지성 대신에 영을 사용하는 비결을 배운 사람은 영적인 영역으로 들어가는 문을 연다. 그리고 그는 이제 다른 영적 존재들과 의사 소통하게 된다. 이러한 의사 소통은 영적인 다이너마이트이다. 그는 자신의 자유 의지를 사용하여 전능하신 하나님과 자유로이 교제할 것이다. 일부 그리스도인들은 심지어 천사들의 방문을 체험하기도 했다.

사단의 목소리

본질적으로 영적인 존재인 인간은 성령의 목소리를 들을 수 있으며 사단과 그 부하들의 목소리도 들을 수 있다. 성령 세례를 받고 정결한 마음을 지닌 수많은 그리스도인들도 악령들이 그들의 마음 속에 있다는 생각으로 혼란에 빠진다. 실제로 이러한 생각을 지나치게 품고 있는 사람들은 신경 쇠약에 시달리기까지 한다. 하나님의 말씀에 굳건하게 서 있지 못하는 어떤 그리스도인들은 그들이 받은 구원을 의심하며 이러한 의심에 따른 정신적 고통 때문에 결국은 미쳐 버린다.

영혼을 영적인 영역으로 개방하는 순간에 우리는 우리가 듣고자 원하는 소리를 들을 수 있다. 예를 들어 라디오의 단파 수신기는 중국 방송국에서 보내 온 것이든 미국 방송국에서 보내 온 것이든 구별하지 않고 주파수가 맞춰진 것만 받아들인다. 인간의 영(靈)도 이와 똑같은 방식으로 활동한다. 만일 우리가 선전 선동을 좋아하지 않는다면 평양 라디오 방송을 꺼 버릴 수 있다. 이와 마찬가지로 그리스도인들은 듣고 싶지 않은 사단의 소리를 꺼 버리고 자신들의 의지적인 행위를 통해 하나님의 주파수로 조정할 수 있다.

많은 그리스도인들은 사단이 그들의 전생애를 통해서 악하고 불의하고 정욕적인 생각을 주입시킨다고 말한다. 또다른 그리스도인들은 그들이 구원받지 못한 존재들이라고 사단이 속삭인다고 얘기한다. 그러나 하나님의 말씀은 사단이 말하고 있는 것과 정반대이다. 그렇다면 우리는 어떤 소리를 믿는가? 성령께서는 우리가 믿음으로 말미암아 구원받았다는 성경의 증거를 제시하신다. 이와는 정반대로 사단은 "아아 그렇지 않아, 너는 구원받지 못했어!"라고 주장한다. 이것은 마귀가 에덴 동산에서 사용한 전략과 똑같지 않은가?
"하나님이 …라 하시더냐"(창 3:1).
사단은 그 얼마나 엄청난 거짓말장이인가!

사단의 목소리를 듣는 것이 그 자체로는 잘못되지 않다는 사실을 명심하라. 오직 사단의 목소리에 복종하는 것이 죄다. 결단코 원수의 목소리에 사로잡히지 말라. 끊임없이 사단의 목소리를 듣는 사람은 순식간에 귀신에게 사로잡히게 된다. **따라서 그리스도인들은 신속하고도 명확하게 원수의 목소리를 식별해야만 한다. 하나님의 말씀으로 무장하라. 그리고 성경 말씀과 반대되는 것은 그 어느 것이라도 거부하라.**

사단의 기만

그리스도인이 하나님 앞에서 깨끗함과 의로운 태도를 견지하지 않는다면 사단은 쉽사리 광명의 천사로 가장하여 속일 수 있다(딤전 4:1,2/고후 11:13~15 참조). 이 악령들은 마치 부도덕한 여성이 기혼 남성의 사랑을 얻고자 노력하는 것처럼 그리스도인들을 유혹하고자 애쓴다.

그런데 문제는 사단이 항상 거짓말만을 하지는 않는다는 점이다. 광명의 천사는 실제로 진리를 말할 것이다. 그러나 그 진리의 깨끗치 못한 영감(靈感)의 직접적인 근원은 사단이다. 정기적으로 교회에 참석하는 수많은 그리스도인들도 광명의 천사들로 가장한 귀신들에게 기만당하고 있으며, 그들의 목사들에게 마음의 큰 짐을 지운다.

신약성경은 바울과 실라가 빌립보에서 직면했던 이와 같은 사건을 기록한다.

"우리가 기도하는 곳에 가다가 점하는 귀신 들린 여종 하나를 만나니 점으로 그 주인들을 크게 이(利)하게 하는 자라 바울과 우리를 좇아와서 소리 질러 가로되 이 사람들은 지극히 높은 하나님의 종으로 구원의 길을 너희에게 전하는 자라 하며 이같이 여러 날을 하는지라"(행 16 : 16 ~ 18).

바울과 실라가 구원을 전하는 하나님의 사자(使者)들이라는 여종의 말이 정확했다는 사실에 주목하라. 오늘날 일부 오순절 계통의 교회에 출석하는 사람들은 경솔하게도 그 여종이 이렇게 말한 것이 성령으로 말미암았다고 간주하여 박수 갈채를 보낸다. 그들은 무엇보다도 이 같은 말이 사실인가 그렇지 않은가만을 고려한다. 그러나 바울은 심히 괴로워하여 돌이켜 그 귀신에게 "예수 그리스도의 이름으로 내가 네게 명하노니 그에게서 나오라"고 말하였다. 그러자 귀신이 즉시 그녀에게서 나왔다(행 16 : 18 참조).

예수께서 제자들에게 "너희는 뱀같이 지혜롭고 비둘기같이 순결하라"(마 10:16)고 하신 것은 지극히 당연하다. 우리는 악령들이 우리를 기만하지 못하도록 부단히 사단보다 한 발 앞서 있어야 한다.

영들을 시험하기

매우 의심스런 가르침들이 예전부터 교회 주위에 퍼져 있다.
 하늘 나라와 지옥의 실체와 하나님의 심판을 의심하도록 부추기는 가르침들을 경계하라. 이러한 가르침들은 부활도 철저히 부정한다. 이 가르침들은 우리를 모든 진리에로 인도하시는 성령으로 말미암아 계시된 것이 아니라, 악령들로 말미암아 계시된 것이다.

 "그러나 성령이 밝히 말씀하시기를 후일에 어떤 사람들이 믿음에서 떠나 미혹케 하는 영과 귀신의 가르침을 좇으리라 하셨으니"(딤전 4:1).

 "혹이 너희에게 고하기를 지절거리며 속살거리는 신접한 자와 마술사에게 물으라 하거든 백성이 자기 하나님께 구할 것이 아니냐 산 자를 위하여 죽은 자에게 구하겠느냐 하라 마땅히 율법과 증거의 말씀을 좇을지니 그들의 말하는 바가 이 말씀에 맞지 아니하면 그들이 정녕히 아침 빛을 보지 못하고"(사 8:19,20).

항상 기록된 하나님의 말씀에 입각해서 모든 것을 신중하게 살펴보아야 한다. 하나님의 기준에서 떠나는 것은 오류와 기만으로 전락하는 지름길이다.

그렇다면 우리는 어떻게 영(靈)의 정체를 알 수 있는가? 우리는 이 질문에 대한 대답을 신약성경에서 발견할 수 있다.

"사랑하는 자들아 영을 다 믿지 말고 오직 영들이 하나님께 속하였나 시험하라 많은 거짓 선지자가 세상에 나왔음이니라"(요일 4:1).

또한 사도 요한은 영들을 시험할 수 있는 몇 가지 특별 지침을 초대교회에 제시하였다.

"하나님의 영은 이것으로 알지니 곧 예수 그리스도께서 육체로 오신 것을 시인하는 영마다 하나님께 속한 것이요 예수를 시인하지 아니하는 영마다 하나님께 속한 것이 아니니 이것이 곧 적그리스도의 영이니라 오리라 한 말을 너희가 들었거니와 이제 벌써 세상에 있느니라"(요일 4:2,3).

모든 그리스도인은 이 세대에 관한 예수님의 경고에 유의해야 한다.

"거짓 그리스도들과 거짓 선지자들이 일어나 큰 표적과 기사를 보이어 할 수만 있으면 택하신 자들도 미혹하게 하리라"(마 24:24).

우리는 현재 되살아나고 있는 모든 이적(異蹟)들을 하나님의 말씀에 입각해서 매우 신중하게 검토해야 한다. 만일 모든 이적을 하나님께로 말미암았다며 경솔하게 받아들인다면 우리는 쉽사리 기만당할 것이다. 표적이나 기사라고 해서 모두 하나님께로 말미암은 것은 아니다. 사단도 그런 일을 할 수 있다.

하나님은 영들을 식별하는 은사를 교회에 주셨다. 나는 하나님께서 목사만이 이 은사를 사용하도록 하셨다고 믿지 않는다. 성령께서 성령의 진리를 가르치도록 목사를 평신도들에게 파송하셨을지라도, 이 은사는 하나님의 모든 자녀들에게 부여된 것이다.

언젠가 펜실바니아의 에리에서 개최된 집회에서 내가 강연하고 있었을 때 한 남자가 자리에서 일어나, 특정 복음 전도자만이 하나님의 사람이며 사람들은 그에게서만 배워야 한다고 소리를 질렀다. 그 사람은 이러한 행위를 세 번이나 하여 집회를 방해했다. 몇몇 사람들이 그를 조용히 있게 하려고 애썼지만 그는 조용히 있지 않았다.

나는 그 사람의 행위가 그 사람의 영에서 말미암은 것이 아니라 귀신의 행위였음을 알았다. 나는 자리에서 일어나 그 악령을 식별하고 그 악령에게 잠자코 있으라고 예수의 이름으로 명하였다. 그러자 그 사람은 더 이상 소란을 피우지 않았.
교회를 지키기 위하여 목사와 평신도 모두는 악령들을 식별하고 다루는 방법을 알아야 한다.

뜨거운 감정과 성령 충만의 관계

수많은 교회에서 표적과 기사가 행해지고 있다. 할리우드 복음 전도 집회가 번창하고 이 거대한 집회에서 성경적인 근거나 기초도 없이 표적과 기사가 일어나고 있다. 그리고 사람들은 이러한 현상에 감격하며 기만당하고 있는 실정이다. 따라서 우리에게는 영들을 식별하는 하나님의 은사가 예전보다 더 많이 필요하다.

우리는 모든 초자연적 사건들을 성령으로 말미암은 것으로 받아들여야 하는가? 오순절 계통의 교회 집회에서 발생하는 표적이나 기사가 모두 성령께서 행하신 것이라고 단정할 수 없다. 하나님께서 구원 역사 안에서 더욱 풍성하게 자신의 권능을 나타내시는 것처럼 사단도 자신의 거짓 표적과 기사를 증가시킨다(마 24 : 24 참조).

거듭나고 성령 충만을 받은 사람은 강렬한 감정을 체험할 것이다. 그러나 감정의 차이는 일반적으로 인격이 형성되는 환경에 비례한다. 스코틀랜드인은 프랑스인보다 덜 감정적이며, 펜실바니아에 사는 네덜란드계 미국인은 텍사스인들보다 덜 감정적이다. 성령 세례를 받았다 해서 언제까지나 감격하면서 살게 되는 것은 아니다. 우리는 성령 세례를 통해서 기분이 좋고 나쁨에 관계 없이 믿음 안에서 귀신과 싸울 능력을 갖추게 된다.

불행하게도 사단은 매우 영리하여 성령 세례를 받은 수많은 그리스도인들을 귀신들과의 싸움에서 후퇴시켜 기분이나 감정이라는 늪에 빠져 들게 한다. **복음은 인간의 감정이 아니라 하나님의 말씀을 믿는 신앙에 기초한다.**

수많은 진실한 그리스도인들도 기만당하고 있다. 그들은 방언의 은사나 예언의 은사를 나타낼 때 자신들이 느낀 "놀라운 성령 충만"으로 다른 사람들을 감명시키기 위하여 팔을 흔들거나 몸을 움직이고 가성(假聲)을 사용해야 한다고 생각한다. 이 거짓된 행위는 불필요한 것이며 귀신의 기만하는 활동에서 비롯된다. 그들의 메시지가 하나님에게서 비롯되었을지라도 그들의 표현 방식은 육(肉)에 속한 것이다.

나는 인위적인 고성(高聲)으로 "할렐루야"를 계속해서 외치던 한 여성에게서 귀신을 쫓아냈던 적이 있다. 귀신이 쫓겨난 후에 그 여자는 자리에 털썩 주저앉았으며 한마디도 하지 못했다. 오늘날 교회에는 거룩한 것으로 가장한 귀신들이 떼지어 몰려와 있다.

오순절파 집회에서 일어나는 이적들이라고 해서 모두 성령의 감동하심으로 발생한 것은 아니다. 이런 집회에서의 많은 이적들은 대개 올바른 신앙 훈련을 받지 않은 인간의 영으로 말미암은 것이다. 그 외에 집회시의 소란들은 사람을 조종하는 악령들의 역사이다.

방언 역사에도 개입하는 귀신들

귀신이 신앙적인 것들을 흉내낼 수 있다고 한다면, 방언을 말하는 것이 성령 임재의 필수적인 징표인 것은 아니다. 이러한 사실은 많은 사람들의 마음에 의문을 제기한다. 그러나 나는 이 의문에 대한 답변이 간단하다고 믿는다.

하나님께서 인간을 창조하시기 오래 전에, 하늘 나라에서 누리던 높은 지위를 상실한 타락한 천사들은 그들의 지도자인 사단과 함께 지상으로 추방되었다(계 12:7,8 참조). 수백 년 전에 한 중국인에게 붙었던 귀신을 상상해 보라. 그 귀신은 그 사람 속에 거함으로써 중국어를 배울 것임에 틀림없다. 그 중국인이 죽었을 때 그 귀신은 또다른 인간의 육체에 거주하려고 돌아다닐 것이다. 그때 그 귀신이 한 인도인에게로 들어갔다면 인도어를 배우게 될 것이다. 세월이 흐름에 따라 그 귀신은 수많은 상이한 국가들의 남성들과 여성들의 육체에 거하게 될 것이다. 그리고 그때마다 그 귀신은 자신이 들어갔던 사람들의 언어들을 모두 배울 것이다.

이 다양한 언어를 구사하는 귀신이 우리 교회에 출석하는, 우리 말을 사용하는 어떤 사람에게 들어갔다고 상상해 보라. 만일 그 사람이 두 손을 들고 중국어와 인도어와 프랑스어와 호텐토트어(남아프리카에 거주하는 호텐토트인의 언어-역자 주)를 말한다면 우리는 의심의 여지없이 그 사람이 방언을 한다고 믿을 것이 아닌가! 교회 내의 많은 사람들은 그 사람이 성령 세례를 받았다고 말하지 않겠는가!

레스터 섬렐(Lester Sumrall) 목사가 개최했던 귀신 축출 행사 기간 중에 귀신이 무지(無知)한 어떤 소녀를 통하여 완벽한 영어를 구사하였는데, 그 소녀는 자신의 모국어인 필리핀어조차도 정확하게 말할 수 없는 소녀였다. 귀신이 축출되었을 때 그 소녀는 영어를 전혀 말할 수 없었다.

나는 귀신을 축출할 때 귀신들이 쫓겨나기 전에 실제로 찬송하고 예언하는 소리를 들었다. 이러한 경우에 귀신 들린 사람들의 얼굴은 대개 끔찍한 모습으로 일그러져 있지만 그들의 입에서 나오는 말은 다른 사람들을 기만할 수 있다.

미혹되지 말아야 함

대중들이 모여 있는 곳에서 종교적인 귀신들은 "과시하기"를 좋아한다. 그리스도인들은 이러한 과시에 미혹되지 말아야 한다. 어떤 사람이 하나님의 권능 가운데 거꾸러진다고 해서 모든 그런 행위가 하나님으로 말미암았다고 추정해서는 안 된다.

예를 들어, 예수께서 어떤 사람의 귀신 들린 아들을 고치시는 장면을 보자.
"귀신이 소리 지르며 아이로 심히 경련을 일으키게 하고 나가니 그 아이가 죽은 것같이 되어 많은 사람들이 말하기를 죽었다 하나"(막 9 : 26).
때때로 귀신 들린 사람들이 귀신을 축출하는 사람에게로 올 때 귀신들은 그 사람들을 땅 위에 구르게 하거나 경련을 일으키게 하거나 또다른 현상을 일으킨다.

   나는 뉴욕에 사는 어떤 소녀를 위해 귀신 축출 사역을 했는데, 그녀는 그 당시에 은혜로운 성령 세례를 받고 방언을 하였다. 하나님을 찬미하는 동안에 그녀의 손은 격렬하게 떨렸다. 그리고 우리는 이러한 상태를 주목하였으며 왜 그런지 살펴보았다. 이 광경을 지켜 보던 어떤 사람은 그녀가 그렇게 떠는 것이 "성령"으로 말미암았다고 말했다. 왜냐하면 그녀가 하나님을 찬미할 때마다 그녀의 왼팔이 떨리기 시작했기 때문이었다.

   우리는 성령께서 사람의 팔을 그와 같이 격렬하게 떨리게 하지 아니하신다고 친절하게 가르쳐 주었다. 그런 후에 우리는 이 17세 소녀가 간질 증세를 보이고 있음을 알았다. 실제로 그녀의 부모는 그녀가 21세 될 때에 뇌 수술을 받게 하려고 했다. 의사들은 뇌의 왼쪽 윗부분에 가중되어 있는 압박을 경감시킬 수 있는 뇌수술을 추천하였다. 이 명백한 의학적 진단에도 불구하고 나는 사람들에게 현재 이 소녀에게 필요한 것은 귀신 축출이라고 말했다.

   우리가 끊임없이 사단의 능력을 꾸짖기 시작했을 때 그녀의 팔은 격렬하게 떨리기 시작하였다. 그 후 15분 동안 팔의 떨림은 점차 감소되었다. 30분 후에는 팔의 떨림이 완전히 중지되었다.

우리는 그녀를 주목하였으며 "자매여, 우리는 그대의 질병이 치유되었다고 믿습니다!"라고 선포하였다. 그녀는 기뻐서 눈물을 흘렸으며 주님께서 뇌의 모든 압박을 제거해 주셨다고 말했다. 나중에 그녀는 자신이 다니는 교회에서 하나님의 권능으로 자신이 치유되었다고 간증했다. 21세가 되었을 때 그녀는 수술받을 필요가 없게 되었다. 질환을 일으켰던 귀신이 이미 쫓겨났기 때문이었다.

참과 거짓의 식별

우리는 귀신의 세력이 지닌 능력을 과소 평가한다. 귀신들은 우리를 무지한 상태로 있게 하려고 발버둥친다. 그래서 우리는 귀신들과 그들의 활동에 관해서 교회에서 배우지 못하고 있다. 따라서 과거에 은혜로운 체험을 하고 종종 방언과 예언을 하며 삶이 성도들의 귀감이 되었다고 할지라도, 당신은 여전히 죄에 빠져 들 수 있으며 귀신들에게 삶의 기반을 빼앗길 수도 있다.

성령의 은사들은 하나님의 은사이다. 그러나 성령의 은사들은 당신이 귀신들에게 침범당하는 것을 막지 못한다. 그러므로 삶을 영적 세계로 개방했을 때 주의해야 할 두 가지 사실은, 성령께서 우리를 소유하셔야 한다는 것과 예수의 보혈이 우리를 제어해야 한다는 것이다.

비록 사단이 어떤 사람을 통하여 방언할 수 있을지라도, 참으로 성령 세례를 받은 사람 또한 성령이 허락하실 때 방언할 수 있다(행 2:4 참조). 그러나 우리는 이 차이를 어떻게 식별할 수 있는가?

예수께서는 이에 대한 해답을 제시하셨다.
"그의 열매로 그들을 알지니"(마 7:16).
만일 방언을 하는 어떤 그리스도인이 자신의 삶에서 성령의 열매를 맺지 아니한다면(갈 5:22,23 참조) 그는 교회에서 의심받을 것이다.

나는 성령으로 말하지 않고 악령이나 인간의 영으로 발언하는, 제어하기 힘든 교인을 교회에서 잠잠케 하는 권세가 목사에게 있다고 믿는다. 제어하기 힘든 교인이 방언이나 예언으로 교회에 초래하는 혼란스런 일은 그 사람이 하나님과 친밀한 관계를 맺지 않으려고 한 경우에 일어난다.
이 사실은 예수님의 말씀에 잘 나타나 있다.

"그 날에 많은 사람이 나더러 이르되 주여 주여 우리가 주의 이름으로 선지자 노릇 하며 주의 이름으로 귀신을 쫓아 내며 주의 이름으로 많은 권능을 행치 아니하였나이까 하리니 그때에 내가 저희에게 밝히 말하되 내가 너희를 도무지 알지 못하니 불법을 행하는 자들아 내게서 떠나가라 하리라"(마 7:22,23).

이 사람들이 어떻게 해서 귀신을 쫓아내고 예언을 행하며 표적과 기사와 이적을 행할 수 있었는가? 그들은 가룟 유다와 마찬가지로 한때 하나님과 올바른 관계를 맺고 있었음이 분명하다. 그러나 그들에게 어떤 일이 일어났는가? 그들은 성령의 열매 대신에 교만과 권력과 탐욕과 정욕과 투기라는 열매를 맺었다. 그래서 예수님은 하늘 나라에 그들이 거할 장소를 마련하지 아니하셨다. 방언이나 예언 행위도 그들을 구원치 못하였다. "그의 열매로 그들을 알지니"라고 예수님은 말씀하셨다(마 7:16 참조).

바울은 자신의 서신에서 성령의 열매와 성령의 은사와의 균형에 초점을 맞추었다.

"내가 사람의 방언과 천사의 말을 할지라도 사랑이 없으면 소리 나는 구리와 울리는 꽹과리가 되고 내가 예언하는 능이 있어 모든 비밀과 모든 지식을 알고 또 산을 옮길 만한 모든 믿음이 있을지라도 사랑이 없으면 내가 아무 것도 아니요"(고전 13:1,2).

"사랑을 따라 구하라 신령한 것을 사모하라"(고전 14:1).

바울은 고린도 교회 교인들에게 이 서신에 언급되어 있는 성령의 아홉 가지 열매와 아울러 모든 열매를 포괄하는 사랑의 열매를 구하라고 권고했다.

열매가 없는 은사는 은사를 행하는 자를 포함해서 어느 누구에게도 무익하다. 은사가 없는 열매는 아름답지만 권능이 없다. 우리에게는 초자연적인 사건들이 재현되는 이 종말의 시대에 균형 있고 조화롭게 사역하기 위한 성령의 아홉 가지 열매와 은사가 필요하다.

3

귀신으로부터 보호하는 방법

더운 8월의 어느 날 캘리포니아의 헌팅돈 해변에서 나는 성령의 초자연적 권능을 강조하는 신도들로 구성된 어떤 단체에게 예수님의 병자 치유와 귀신 축출 사역에 관해서 설교하였다. 설교를 마칠 즈음에 나는 예수께서 오늘날에도 이와 동일한 방식으로 사람들을 치료하기 원하신다고 설명했다. 내가 각양 각색의 병자들과 귀신 들린 자들을 위하여 기도하기 시작했을 때, 많은 사람들이 내가 귀신 쫓아내는 사역을 할 때마다 발생하는 현상인 재채기하고 질식하고 귀신에게서 놓임받는 통상적인 모습을 나타냈다.

한 그리스도인 남성은 굳어 버린 척추 때문에 고통받았다. 그는 똑바로 서서 걸을 수는 있었지만 척추가 "굳어져" 있었기 때문에 20년 동안 허리를 구부릴 수가 없었다. 나는 그의 질병이 귀신 때문에 생긴 것이 분명하리라고 설명한 후에 그에게 성경에서 그와 비슷한 상태에 있었던 여인을 상기시켰다.

"십팔 년 동안을 귀신 들려 앓으며 꼬부라져 조금도 펴지 못하는 한 여자가 있더라 예수께서 보시고 불러 이르시되 여자여 네가 네 병에서 놓였다 하시고 안수하시매 여자가 곧 펴고 하나님께 영광을 돌리는지라"(눅 13 : 11 ~ 13).

나는 그 여인의 상태가 "질병 귀신" 때문에 비롯된 것이라고 강조하였다. 그 다음에 나는 그 사람에게 안수하고 질병 귀신을 꾸짖었으며 그의 척추에서 나오라고 명하였다.

그런 다음 나는 그 사람에게 말하였다.
"이제 당신의 허리를 구부려 보십시오. 그리고 당신의 발가락에 손이 닿을 수 있을 때까지 계속 구부려 보십시오."

그는 다소 놀란 표정으로 나를 바라보았다.
『나는 지난 20년 동안 허리를 구부릴 수 없었는데요!』
그러나 그는 확신을 가지고 천천히 허리를 구부리기 시작했다. 그가 허리를 굽힐 때마다 그의 손가락 끝은 발가락에 아주 근접해 갔다. 8분이 지나자 그는 소리를 질렀다. 손가락 끝이 발가락에 닿았던 것이다! 예수님은 20년 동안 척추 고통으로 시달려 온 사람을 8분 만에 치유하셨다!

끊임없는 성결

수많은 그리스도인들은 자신들에게 "질병 귀신"이 있다거나 다른 귀신이 자신들을 억압하고 있을 것이라는 생각에 대해 불쾌하게 여긴다. 일부 그리스도인들은 사단이 그들을 기만하고 질병을 일으키고 다시 범죄케 하고 유혹한다는 말을 들을 때 노발 대발한다.

그들은 이렇게 대답한다.
"사단이 나를 괴롭힐 수 없습니다. 나는 그리스도인입니다."
사단이 하나님의 자녀를 염려케 하고 괴롭히고 억압하고 우울하게 하고 좌절시키고, 말을 걸어오거나 거짓말할 수 있다는 사실을 믿지 않는 그리스도인들이 너무나 많다.

만약 그리스도인들이 사단과 귀신들에게 괴롭힘 당할 수 없다고 한다면, 어찌하여 몇몇 신약성경 기자들은 적들의 기만적인 술책에 관해서 초대교회에 경고하였겠는가? 우리는 이러한 경고들을 주의해서 읽어야 할 필요가 있다. 그리고 이러한 경고들을 일상 생활에서 실천해야 한다.

"마귀로 틈을 타지 못하게 하라"(엡 4:27).

"근신하라 깨어라 너희 대적 마귀가 우는 사자같이 두루 다니며 삼킬 자를 찾나니 너희는 믿음을 굳게 하여 저를 대적하라"(벧전 5 : 8,9).

"마귀를 대적하라 그리하면 너희를 피하리라"(약 4 : 7).

사도 바울과 베드로와 야고보는 삶과 생각과 마음을 성령께 의탁한, 성령 세례 받은 그리스도인들에게 서신을 보냈다. 따라서 그리스도인들은 성령의 권능을 받을 때, 하나님의 뜻을 행하지 못하도록 공격하고 방해하는 사단과 싸울 것을 예상해야 한다.

울타리의 틈?

우리는 욥기와 아주 친숙하다. 의로운 사람인 욥 주변에는 훌륭하고도 견고한 울타리가 있었다. 사단은 밤낮 이 울타리 주위를 배회하며 틈이 생기기를 기다렸다.

어떤 일이 일어났는가? 욥이 두려워했기 때문에 하나님은 그를 보호하실 수 없었다. 욥이 말한 것을 상기해 보라. "나의 두려워하는 그것이 내게 임하고 나의 무서워하는 그것이 내 몸에 미쳤구나"(욥 3 : 25).

하나님은 울타리를 손상시키지 않으셨다. 그러나 욥은 자신의 두려움으로 울타리에 틈을 만들었다. 하나님의 보호는 더 이상 작용할 수 없었다. 왜냐하면 믿음은 두려움이 있는 곳에서 존재할 수 없기 때문이다. 사단은 욥에게 엄청난 질병을 앓게 했으며 그 인생을 파멸로까지 치닫게 했다.

이러한 진리를 깨닫는 것은 일부 그리스도인들이 육체적 질병과 정신적 질환에 걸리는 이유를 이해하는 데 도움이 될 것이다. 왜 일부 그리스도인들은 정신 병원에 있는가? 이는 복음에 잘못이 있기 때문에 그런 것이 아니다. 예수께서는 "포로 된 자에게 자유를 전파하며 … 눌린 자를 자유케 하려고" 이 세상에 오셨다 (눅 4 : 18).

그렇다면 그리스도인들이 육체적 질병과 정신적 질환에 걸리는 것은 누구의 잘못인가? 이것은 믿음으로 그리스도를 영접한 사람들이 사단의 유혹에 솔깃하여 그 올가미에 걸림으로써 하나님의 명백한 계명을 무시하기 때문이 아닌가?

구원이나 하나님의 약속들 중에 어느 하나라도 저절로 이루어지지 않는다. 구원과 하나님의 약속들을 믿음의 실천으로 끊임없이 추구해야 한다. 우리는 날마다 귀신을 대적해야 한다. 그렇게 하지 않는다면, 우리를 보호하는 울타리가 부서지고 파괴자가 우리의 삶에 침입한다. 그것은 하나님의 잘못이 아니다.

무보증(無保證)

귀신 들림에 대한 전형적인 사례(事例)는 가롯 유다의 경우인

데, 그는 예수 그리스도께서 사도이자 제자로 선택한 사람이었다. 예수께서 이 사악한 사람을 선택하고 병자 치유와 귀신 축출을 행하게 하셨다는 것이 그 얼마나 터무니 없는 것처럼 느껴지는가? 오늘날 교회의 대다수 신자들이 그러하듯이 유다는 한때 믿음 안에서 진실하였다.

요한복음 13장 2절에서 사단은 유다를 유혹하여 악한 행동을 하게 하려는 생각을 불어넣어 주었다.

"마귀가 벌써 시몬의 아들 가룟 유다의 마음에 예수를 팔려
 는 생각을 넣었더니…."

마귀의 첫번째 소행은 유다를 유혹하여 인간 감정의 가장 깊숙한 자리인 마음에 악한 생각을 품게 하는 것이었다. 유다는 사단에게 복종하려고 결정하였다. 그리고 마침내 하나님과 그분 말씀을 배반했다. 열두 제자의 일원인 유다는 처음에는 귀신에게 억눌렸지만 결국에는 귀신 들리고 말았다.
"조각을 받은 후 곧 사단이 그 속에 들어간지라"(요 13:27).

가룟 유다가 결국 마귀에게 사로잡혔다면, 오늘날 우리가 마귀에게 사로잡힐 경우는 그 얼마나 많겠는가? 사단은 자기 때가 임박했다는 사실을 알고 있다. 그래서 그는 예전에 하나님의 역사를 방해했던 것보다도 더 강력하게 활동하여 오늘날 성도들의 삶을 변질시키고 있다. **구원받고 성령 충만함 받았다는 것은 믿음을**

지속시킬 수 있는 자동적인 보증이 아니다.

수많은 진실한 그리스도인들은 다음과 같은 비성경적인 태도를 고집하고 있다. 즉, 그들은 자신들이 거듭나고 그리스도의 보혈로 씻음 받았으므로 사단이 자신들을 결단코 건드릴 수 없다고 생각한다. 불행하게도 이러한 가르침은 이와는 정반대로 작용하며, 그리스도인들을 보호하기보다는 오히려 그들로 하여금 사단의 공격을 받기 쉽게 만든다. 왜 그런가? 하나님의 보호하심은 자동적이지 않기 때문이다.

주님의 보혈의 보호

어린아이가 날마다 물과 비누로 몸을 씻어야 하는 것과 마찬가지로 우리는 그리스도의 보혈로 부단히 정결케 되어야 한다. 우리는 회심(回心)한 후에 계속적으로 성찬식에 참여한다. 우리가 그리스도의 피로 항상 정결케 되어야 한다는 것을 성찬식의 정규적인 참여를 통해 교육받는 것이다. 성경은 정결케 되는 것에 대해 어떻게 말하고 있는가?

"저가 빛 가운데 계신 것같이 우리도 빛 가운데 행하면 우리가 서로 사귐이 있고 그 아들 예수의 피가 우리를 모든 죄에서 깨끗하게 하실 것이요"(요일 1:7).

"깨끗하게 하다"라는 말의 시제가 현재형임에 주목하라. 이것은 "부단히 깨끗하게 하다"라는 뜻이다. 즉, 과거에 한 번 정결케 된 것을 의미하는 것이 아니라 현재와 미래에 걸쳐 점진적으로 정결케 되는 것을 의미한다.

하나님의 모든 자녀는 의식적으로 예수 그리스도의 보혈을 지니고, 날마다 순간마다 그 보혈로 자신을 정결케 해야 한다.

예수 그리스도의 보혈은 우리를 가장 안전하게 보호하는 수단이다. 귀신 축출 사역에 전념하는 사람들은 믿음으로 예수 그리스도의 보혈을 사용하여 영적인 영역에서 다가오는 모든 것들을 시험해야 한다. 악령들은 예수 그리스도의 보혈이라는 말을 들을 때 무척 동요한다.

자칭 그리스도인이라는 한 여성이 어느 날 무척 분개하며 나를 심하게 비난했다. 나는 그녀가 귀신 들린 상태였기 때문에 그녀에게 비난받아야 할 이유가 없다고 생각했다. 그래서 나는 그녀 안에 있는 귀신에게 나오라고 명하였다. 그러자 최소한 귀신들 중에 하나가 내 목을 움켜잡고 조르기 시작했다.

나는 "주의 보혈!"이라고 세 번 부르짖었다. 그러자 귀신이 그녀 속으로 되돌아갔다.

내가 목졸림을 당하고 있는 동안 그녀 안에 있는 귀신이 『너는 귀신 들려 있다!』라고 나에게 말했다. 그러나 이 말은 사단의 거짓말이었다. 나는 보혈을 통하여 귀신을 이겼다.

또다른 경우에 나는 귀신의 공격을 체험했는데, 그때는 내가 잠자고 있던 때였다. 한밤중에 나는 목이 졸리는 것을 느끼며 잠에서 깨어났다. 내 심장은 강한 압박을 받았다. 나는 목숨이 거의 끊어지고 있다고 느꼈다.

나는 "주의 보혈"이라고 세 번 부르짖었다. 그러자 귀신은 신속하게 떠나갔다. 그리고 그날 밤의 남은 시간은 평온하게 지나갔다. 다음 날 밤 같은 시간에 이번에는 아내가 나와 똑같은 체험을 했다. 그리고 내가 행했던 것처럼 아내가 "주의 보혈"을 외쳤을 때 귀신은 즉시 떠나갔다. 어떠한 귀신이라도 주의 보혈을 이길 수 없다. 그리고 주의 보혈은 믿음이 있을 때 능력이 발휘된다.

한 동료 목회자가 나에게 다음과 같은 이야기를 해 주었다. 그는 바하마 섬에 있는 한 교회에 복음을 전하려고 그 섬으로 갔다. 그 섬에는 예전부터 어떤 목사도 체류할 수 없었다. 왜냐하면 비우호적인 원주민들이 북을 치고 음란한 소리를 지르며 숲속에서 뛰쳐 나와서 예배를 드릴 수 없게 방해했기 때문이다.

그는 그 도전을 받아들였고 그리스도를 위하여 그 지역에서 복음을 선포하리라 결심했다. 그는 교회 부지의 주변을 걸어다니면서 사단이 듣도록 큰 소리로 예수 그리스도의 보혈을 간구했으며 하나님께 영광을 돌렸다. 그 한 번으로 충분했다. 이제 그 섬에는 평화가 깃들어 있다. 분쟁을 일으키는 악령은 떠나갔다. 그리고 새로 부임하는 선교사가 그 교회를 인계받을 계획이다. 이제 하나님의 역사가 그 섬에서 이루어질 것이다.

오늘날의 교인들은 예배와 기도를 드릴 때 그리고 사단의 본거지를 공격할 때 예수님의 보혈에 대해 충분히 말하지 않고 있다. 그러나 만일 그리스도인들이 어디에서나 모여 예수님의 보혈을 찬양한다면, 우리는 세속적인 교인들이 신앙적으로 각성되는 모습과 하나님의 놀라운 축복이 교회의 새로운 신앙 생활 가운데 흘러 넘치는 것을 보게 될 것이다.

보혈의 능력

의학에서는 각종 병원균이 수많은 질병들을 일으킨다고 가르친다. 작은 기생균들은 육체의 일부분에서 번식하여 기하 급수적으로 증가할 수 있으며 엄청난 질병을 초래한다. 그러나 모든 질병들이 병원균에서 비롯된 것만은 아니다.

하나님은 각종 병원균으로부터 자신의 백성들을 보호하는 방법을 가지고 계신가? 하나님은 무소부재(無所不在)하시다. 그리고 그분의 권능이 미치지 못하는 것은 아무것도 없다. 우리가 하나님의 보호를 간구하고 하나님의 법을 따른다면, 확실히 그분은 그분의 뜻에 따라 사역하는 영들을 보내사 우리를 보호하시며 악령들이 우리의 육체에 병원균을 침투시키는 것을 막게 하신다.

그러므로 "기회"나 행운으로 발생하는 일은 아무것도 없으며 모든 것이 하나님의 명령으로 이루어진다는 사실을 명심하라. 각종 병원균은 예수 그리스도의 재림시에 제거될 저주의 일부이다. 그리고 귀신들은 군사들이 상관에게 복종하는 것과 같은 방식으로 사단의 명령에 따라 행동하는 앞잡이들에 불과하다.

나는 체험으로 이러한 사실이 확실하다는 것을 알게 되었다. 끓는 물이 어떤 사람의 팔에 엎질러졌을 때, 우리는 예수 그리스도의 보혈의 권능으로 화상을 면케 해 주십사고 즉시 기도했다. 놀라웁게도 그는 아무런 화상도 입지 않았다. 이것은 우리가 예수 그리스도의 보혈을 깨닫고 사용할 때에 귀신들이 병원균으로 우리의 육체를 손상시킬 수 없다는 사실을 명백하게 보여 준다.

이러한 사실은 베인 상처나 찰과상에도 마찬가지이다. 우리는 최근에 심한 찰과상으로 앞머리에 피를 흘리고 있는 한 어린아이의 출혈을 향해 꾸짖었다. 그러자 즉시 출혈이 멈추었다. 상처도 아물었다. 그리고 다음 날 그 아이는 마치 아무런 사고도 없었던 것처럼 이리저리 뛰어 놀았다. **이 세상에서 가장 좋은 살균제는 믿음에 부합하는 예수 그리스도의 보혈이다. 왜냐하면 예수 그리스도의 보혈이 모든 불결한 귀신들을 내쫓아 버리기 때문이다.**

귀신들의 가공할 만한 능력으로부터 우리 스스로를 보호할 수 있는 유일한 방법은, 귀신을 무찌르는 예수님의 보혈에 믿음으로 부단히 우리 자신을 담그는 것이다. 이것이 "지존자의 은밀한 곳에" 거하고 "전능하신 자의 그늘 아래" 거하는 복된 상태이다

(시 91 : 1). 예수 그리스도의 보혈에 우리 자신을 담그는 것만큼 든든한 보호와 "그늘"은 없다.

천사의 보호

하나님의 천사들 또한 귀신들이 직접 초래한 인생의 소소한 재난에서 우리를 보호한다. 하나님의 말씀 안에 있는 엄청난 약속에 주목해 보자.

"네가 말하기를 여호와는 나의 피난처시라 하고 지존자로 거처를 삼았으므로 화가 네게 미치지 못하며 재앙이 네 장막에 가까이 오지 못하리니 저가 너를 위하여 그 「사자(천사)들」을 명하사 네 모든 길에 너를 지키게 하심이라 저희가 그 손으로 너를 붙들어 발이 돌에 부딪치지 않게 하리로다"(시 91 : 9 ~ 12).

예수 그리스도를 믿는 하나님의 자녀들이 천사의 보호 대상이라니 놀랍지 않은가?

또한 하나님의 천사들은 기도 응답을 전해 준다. 영계(靈界)의 전쟁은 다니엘의 금식 기도에 대한 응답을 방해했다.

"그가 내게 이르되 다니엘아 두려워하지 말라 네가 깨달으려 하여 네 하나님 앞에 스스로 겸비케 하기로 결심하던 첫

날부터 네 말이 들으신 바 되었으므로 내가 네 말로 인하여 왔느니라 그런데 바사국 군(君)이 이십일 일 동안 나를 막았으므로 내가 거기 바사국 왕들과 함께 머물러 있더니 군장 중 하나 미가엘이 와서 나를 도와주므로"(단 10:12, 13).

지상의 영토를 점령한 귀신의 군대는 다니엘이 금식하고 기도했던 3주 동안 하나님의 사자(使者)가 다니엘에게로 오는 것을 막았다. 그러나 미가엘이 전쟁에 참여했을 때 하나님의 군대는 귀신의 군대를 이겼다. 마침내 다니엘은 기도 응답을 받았다.

권세를 얻음

내가 앞에서 기록한 몇 가지 체험들을 읽고 연약한 영혼들이 겁에 질린 나머지 하나님의 후사(後嗣)로서의 그 풍성한 삶을 제대로 누리지 못할 수도 있다. 그러나 나는 예수님의 약속이 아직도 유효하다는 사실을 상기시키고 싶다.

"내가 너희에게 뱀과 전갈을 밟으며 원수의 모든 능력을 제어할 권세를 주었으니 너희를 해할 자가 결단코 없으리라"(눅 10:19).

사단이 가지고 있는 탁월한 무기는 두려움이다. 우리는 두려움에 굴복하여 겁을 내거나 무력하게 되지 말아야 한다. 우리는 아무것도 두려워 말라고 말씀하신 구세주의 권능 안에 담대하게 거해야 한다. 사단은 패배당한 적이다.

예전에 몇몇 귀신들이 "예수도 내가 알고 바울도 내가 알거니와 너희는 누구냐"(행 19:15)라고 말했던 것을 기억하라. 귀신들은 하나님의 사람이 예수께서 행하신 권세와 동일한 권세를 행사한다는 사실을 안다. 즉, 하나님의 사람은 예수께서 부여하신 권세와 권능을 가지고 있다.

사도행전 1장 8절에 따르면, 성령 충만함을 받을 때 이러한 권능이 우리에게 임한다. 그러나 오늘날 수많은 사람들이 하나님의 권능이 나타나기를 헛되이 대망하고 있다. 기어를 넣지 않은 채 움직일 수 있는 차는 한 대도 없다.

이와 마찬가지로, 성령 충만을 받은 그리스도인들은 믿음으로 행하지 않는 한 어떠한 권능도 행할 수 없다. 그리스도를 통하여 지금 즉시 귀신들의 억압을 종식시키려고 하지 않는 한 우리는 아무런 권능도 행할 수 없다. 권능을 행하는 그리스도인들이 열매를 맺는다.

무릎을 꿇고 기도함으로써 귀신과 싸우는 그리스도인은 귀신의 본거지를 아주 효과적으로 공격할 수 있다.
"무릇 너희 발바닥으로 밟는 곳을 내가 다 너희에게 주었노니 …"(수 1:3).

우리는 사단의 목을 밟고 그의 꼬리를 자르고 추방해야 한다.

우리가 행해야 할 것

한 민족이 하나님에게서 멀어지고 예수께서 보여 주신 하나님의 사랑에서 떠나 있는 만큼 그 민족은 귀신의 세력에게 조종당한다. 모든 개인에게도 이와 똑같은 원리가 적용된다.

알코올 중독자는 자신을 통제할 수 없기 때문에 쉽게 귀신 들리게 된다. 분노하는 사람도 마찬가지이다. 거듭나지 못하고 질병의 고통으로 쇠약해진 환자들은 누군가가 그들을 위하여 믿음으로 기도하지 않는 한 귀신들에게 쉽사리 공격당한다. 그리고 강신술과 심령학과 예수의 보혈이 없는 종파에 발을 들여놓은 사람은 거의 확실하게 귀신 들리게 된다.

그렇다면 우리를 둘러싸고 있는 귀신의 세력에 어떻게 대응해야 하는가? 하나님의 말씀은 이에 대한 대답을 제시한다.

"마귀를 대적하라 그리하면 너희를 피하리라"(약 4:7).

여기에서 "마귀를 대적함"이란 마귀를 경계하고 그리스도의 피를 덧입고 우리 스스로를 제어한다는 세 가지 요건을 포함한다.

사도 바울은 자연계의 상황들을 변화시키는 영적인 전쟁에 관해서 기술했다.

"우리의 씨름은 혈(血)과 육(肉)에 대한 것이 아니요 정사와 권세와 이 어두움의 세상 주관자들과 하늘에 있는 악의 영(靈)들에게 대함이라"(엡 6:12).

귀신들은 어두움의 세상 주관자들을 다스리며 지구 대기층에 거하고 있다. 그들은 하늘 나라에서 살지 못한다. 왜냐하면 그들은 하늘 나라에서 추방되었기 때문이다.

또한 사도 바울은 세상에서 우리의 복락을 방해하는 진정한 적을 대적하고 싸우는 데 필요한 영적인 전쟁 장비들을 열거하였다.

"그러므로 하나님의 전신갑주를 취하라 이는 악한 날에 너희가 능히 대적하고 모든 일을 행한 후에 서기 위함이라 그런즉 서서 진리로 너희 허리띠를 띠고 의(義)의 흉배를 붙이고 평안의 복음의 예비한 것으로 신을 신고 모든 것 위에 믿음의 방패를 가지고 이로써 능히 악한 자의 모든 화전을 소멸하고 구원의 투구와 성령의 검 곧 하나님의 말씀을 가지라"(엡 6:13~17).

만일 우리가 바울의 권고를 따르지 않는다면, 귀신들의 공격을 쉽게 받을 것이며 이에 대한 책임을 하나님께 돌릴 수 없게 될 것이다. 하나님은 우리를 보호하기 위하여 모든 준비를 해 놓으셨다.

4

다가오는 귀신들

귀신들은 인간과 마찬가지로 각자가 명백하고도 독특한 개성을 지니고 있다. 똑같은 개성을 가진 귀신들은 하나도 없다. 나는 사람들을 통해서 나타난 아주 독특한 귀신들의 개성들을 목격했다.

특히 나는 남아메리카 콜롬비아의 보고타에서 귀신의 성격에 대해 색다른 점을 발견했다. 콜롬비아의 한 목사가 나에게 시립 병원에 가서 임종하고 있는 한 여성을 위하여 기도해 달라고 요청했다. 그녀가 있는 병실에 들어갔을 때 우리는 애처로운 광경을 목격했다.

그 여성은 의식 불명 상태에 있었으며, 그녀의 호흡기에는 고무 튜브가 끼워져 있었다. 그녀는 고무 튜브에 연결된 산소통에서 산소를 공급받고 있었으며, 코와 입은 봉해져 있었다. 친척들은 나흘 동안 병실을 떠나지 않았다. 시간이 흐름에 따라 친척들은 병실에서 울고만 있었다. 믿음이라고는 거의 없는 분위기였다. 의사들은 그녀가 앞으로 두 시간밖에 살 수 없다고 나에게 알려 주었다.

나는 도움을 요청받았다. 그러나 내가 무엇을 할 수 있단 말인가? 나는 도무지 알 수 없어 침대 곁에 꿇어앉아 하나님의 도우심을 구했다. 그러자 갑자기 초자연적인 평화가 그 병실에 임했다. 이것은 나만의 느낌이 아니었다. 그 병실에 있었던 그녀의 모든 친척들도 초자연적인 평화를 느꼈다. 하나님의 영이 우리를 감쌌다. 나는 한 손으로 이 젊은 여성의 손을 잡고 다른 한 손을 그녀의 이마에 올려놓고 "사망아, 내가 예수의 이름으로 너를 꾸짖노라"고 말했다. 다음 날 아침에 나는 이 젊은 여성이 신속하게 의식을 회복하고 있다는 소식을 들었다. 그 주간에 그녀는 퇴원했다.

나와 함께 병원에 갔던 그 콜롬비아 목사는 이 기쁜 소식을 듣고 놀랐다. 그는 자신의 교회에서 나를 만났으면 했다. 내가 방문했을 때 그는 고개를 숙인 채 자신의 교회에서 이러한 능력을 행할 수 있는 사람이 한 사람도 없으며 자신은 이러한 사실을 부끄럽게 느낀다고 고백했다.

"그래요."

나는 말했다.
"그러나 그녀를 치유하신 분은 예수님이지 제가 아닙니다."
『그렇습니다.』
그는 말했다.
『그러나 당신은 사망을 꾸짖었습니다. 나는 이런 일을 행하는 사람이 있다고 들어 본 적이 없습니다.』

아마도 예수님은 이러한 상황에서 내가 했던 것처럼 하셨을 것이다. 왜냐하면 사망은 귀신이기 때문이다. 이 치유 사건은 콜롬비아 교회에 큰 충격을 주었다. 그리고 콜롬비아 성도들은 그들 가운데 성령께서 역사하시도록 마음 문을 열었다.

지적(知的)인 존재

사단과 귀신들이 물건이 아니라는 사실을 명심하라. 그들을 경솔하게 취급해서는 안 된다. **귀신들은 악한 지성을 지닌 존재들이다. 그리고 그들 각자는 인간의 육신을 통하여 스스로를 나타내고자 갈망한다. 귀신은 육체를 소유하지 않는 한 행복하지 않다.** 귀신들은 본래 육체를 지니고 있지 않기 때문에 사람들이나 동물들의 육체에 거하거나 그것을 이용하고자 한다.

수많은 질병들은 실제로 귀신들이 일으킨 것이다. 따라서 질병들을 이런 사실에 입각해서 다루어야만 한다. 이것이 실제로 나타난 성경의 예(例)를 살펴보자.

"예수께서 일어나 회당에서 나가사 시몬의 집에 들어가시니 시몬의 장모가 중한 열병에 붙들린지라 사람이 저를 위하여 예수께 구하니 예수께서 가까이 서서 열병을 꾸짖으신대 병이 떠나고 여자가 곧 일어나 저희에게 수종드니라"(눅 4:38,39).

만일 이 열병이 단지 육체적인 문제에 지나지 않았다면, 열병을 꾸짖는 것은 참으로 어리석은 짓이다. 생명 없는 사물을 꾸짖는 것은 분별 없는 짓이다. 누구든지 지성을 지닌 존재만을 꾸짖을 수 있다. 예수님은 귀신이 열병을 앓게 했다는 것을 아셨다. 열병은 예수님의 권세 있는 명령에 복종해야만 했기 때문에 베드로의 장모에게서 떠났다.

귀신들과 사단의 명칭

당신이 영적인 전쟁에 가담하고 있을 때 당신의 적을 아는 것은 중요하다. 악령들과 귀신들은 성경에 다음과 같이 언급되어 있다. 귀신들은 각각 개성을 지니고 있다. 귀신들을 지칭하는 데 사용된 성경 용어들은 그들의 특징을 표현한다.

- 질병 귀신(눅 13:11)
- 벙어리 귀신(막 9:25)
- 귀먹은 귀신(막 9:25)
- 번뇌케 하는 귀신(삼상 16:14)

- 더러운 영(계 18:2)
- 더러운 귀신(마 10:1)
- 점치는 귀신(행 16:16)
- 종의 영(롬 8:15)
- 미혹의 영(요일 4:6)
- 세상의 영(고전 2:12)
- 미혹케 하는 영(딤전 4:1)
- 의심의 영(민 5:14)
- 거짓말하는 영(대하 18:21)
- 접신(신 18:11)
- 적그리스도의 영(요일 4:3)
- 두려움의 영(딤후 1:7)
- 사특한 귀신(사 19:14)
- 마음을 슬프게 하는 귀신(삼상 1:15)
- 깊이 잠들게 하는 귀신(사 29:10)
- 음란한 귀신(호 4:12)
- 다른 영(고후 11:4)

　귀신들의 확실한 최고 주권자인 사단은 눈에 보이지 않는 자신의 추종자들을 완벽하게 다스린다. 사단의 명칭은 그의 다양한 특성을 보여 준다.

- 계명성, 루시퍼(사 14:12)
- 공중의 권세 잡은 자(엡 2:2)

- 귀신의 왕(마 12:24)
- 멸망시키는 자(고전 10:10)
- 광명의 천사(고후 11:14)
- 옛 뱀(계 20:2)
- 큰 용(계 12:9)
- 마귀(계 12:9)
- 악한 자(마 13:19)
- 거짓의 아비(요 8:44)
- 살인한 자(요 8:44)

　육체를 지니지 않는 존재들이 우리를 끊임없이 공격하고 좌절시키고 억압하고 혼란에 빠뜨리고 염려케 하고 고통당하게 한다는 것이 기이하지 않은가? 귀신들은 모기 떼처럼 우리 주위에 떼지어 몰려 있다. 성령의 충만함을 받고 사단의 왕국을 분쇄할 권능을 부여받을 때 우리는 악한 의도를 지닌 귀신들에게 특별한 표적이 된다.

억압과 의기 소침

귀신들의 가장 일반적인 공격 형태는 억압이다. 억압은 영적 "압박"으로서, 의기 소침에까지 이르게 한다. 만일 그리스도인들이 이런 상태를 그대로 묵과해 버린다면 그들의 영적 상태는 더욱 악화될 것이다.

예를 들어 만일 하나님의 말씀과 정반대되는 생각을 품는다면 우리는 그 그릇된 생각이나 교리 때문에 귀신 들리게 된다. 오늘날 수많은 거짓 예언자들은 귀신 들려 있는 상태이다.

억압과 의기 소침과 귀신 들림으로 사람들을 공격하는 사단의 목표는 사람들을 더 위험한 상태, 즉 귀신에게 사로잡히는 데까지 이끌고 가는 것이다. 우리는 육체의 일부분이 귀신에 사로잡혀 있는 것 (가령 간질병 등)과 영혼이 귀신에 사로잡혀 있는 것을 구별해야만 하는데, 영혼이 귀신에 사로잡혀 있는 것은 하나님에게서 영원히 분리되는 상태를 초래한다. 심지어 그리스도인이라고 할지라도 영혼이 귀신에게 사로잡힐 수 있다.

많은 완악한 신자들은 귀신의 권세에 굴복했기 때문에 오랜 세월 동안 하나님께 불순종하고 있다. 많은 경우, 이렇게 고통받는 개개인들에 대해 그들의 목사들은 귀신 축출 사역을 해야 한다. 귀신들에게 굴복한 세속적인 교인들은 지역교회에서 우리가 받아들일 수 있는 이상으로 많은 불화를 일으킨다. 이러한 사람들은 십중 팔구 귀신들에게 억압당하고 있다. 그러나 억압당하고 있을 뿐일지라도 그것이 지속되는 한 위험한 상태이다. 교회의 분열은 항상 귀신의 소행이다.

예전에 나는 서로 불화하고 있는 두 동창생을 화해시켜 보려고 한 적이 있다. 우리는 이 불화케 하는 귀신을 꾸짖었으며 그들을 불화케 하지 말라고 명하였다. 그러자 두 동창생은 즉시 귀신에게서 해방되었으며 화해했다.

귀신 축출 이전의 죄의 고백

고백되지 않고 예수님의 피를 덧입지 않은 채 사함 받을 수 있는 죄는 하나도 없다. 성경은 덧없는 죄의 쾌락으로 다시 빠져 들어가는 모든 사람들에게 준엄한 훈계를 한다.

"우리가 진리를 아는 지식을 받은 후 짐짓 죄를 범한즉 다시 속죄하는 제사가 없고 오직 무서운 마음으로 심판을 기다리는 것과 대적하는 자를 소멸할 맹렬한 불만 있으리라" (히 10 : 26, 27).

고의적인 불순종을 고백하지 않고 예수님의 피 아래 있지 않는 한 하나님의 심판을 결코 면할 수 없다.

나는 영국 웨스트민스터에 있는 캑스턴 홀에서 어떤 미친 소녀가 기도를 요청하러 왔을 때 이 교훈을 깨달았다. 그녀를 데려온 내 친구는 그녀가 그날 아침에 나를 찾아오기 위해 정신병원에서 빠져 나왔다고 설명했다.

나는 어떤 정신 이상인지 묻지 않고 그녀의 머리에 안수하고 귀신들을 꾸짖기 시작했다. 그러나 아무런 일도 일어나지 않았다. 나는 고통으로 일그러진 그녀의 얼굴을 주목했다. 하나님의 영이 그녀의 고통은 일종의 피해 망상에서 초래되었음을 나에게 보여 주셨다. 이 소녀는 누군가 자신을 적대하고 있으며 자신에 대해서 험담하고 있다고 생각했다. 내가 그녀에게 이러한 사실을 밝혔을 때 그녀는 옳다고 인정했다.

그래서 나는 그녀에게 피해 망상이 하나님께 고백해야 할 죄이며 죄를 고백한 후에 귀신 축출받을 수 있다고 했다. 그녀는 무척 놀란 표정이었으나 내 말에 동의했다. 그리고 그녀는 회중들 앞에서 나와 함께 기도했는데, 그 기도는 어리석은 생각을 한 그녀를 하나님께서 용서해 주십사 하는 기도였다.

내가 그녀의 머리에 안수하고 기도했을 때 즉시 미친 영이 떠나갔다. 그녀의 얼굴은 깨달음과 기쁨으로 인한 해맑은 웃음으로 빛나기 시작했다. 나는 그녀에게 뒤돌아 서서 회중들을 바라보라고 말했다. 그녀가 회중들을 바라보고 주님께서 자신을 치유하신 것을 기뻐하며 주님을 찬양했을 때 회중들도 크게 기뻐했다.

나는 그때 중요한 원리를 배웠다. **속박에서 해방되고자 하는 사람들은 귀신 축출을 위해 기도하기(기도받기) 이전에 그들 자신의 죄 사함을 위해 하나님께 간구해야 한다. 죄의 고백은 구원에 선행한다. 우리가 우리의 범죄를 슬퍼하고 용서를 구하지 않는 한 예수님은 용서하실 수도 귀신을 축출하실 수도 없다.** 많은 사람들은 그들의 완악함과 교만 때문에 온전한 자유를 누리지 못하고 있다.

경제적 손실을 주는 귀신

사단은 재정상의 손실이나 빈곤으로 신자들을 공격할 수 있는가? 사단에게는 그렇게 할 능력이 있다. 그러나 또한 경제적인 영역에서도 하나님은 사단보다 강한 분이시다. 다음 이야기는 이러한 사실을 잘 보여 준다. 우리 교회 한 여성도는 상점을 경영하는 일 외에도 고급 아파트를 임대하는 일을 했다. 그런데 아무도 임대 계약을 맺으러 오지 않아 괴로워했다. 결국 그녀는 1천 달러 이상의 손해를 보았다. 주님께서는 사단이 이 선량한 그리스도인 여성을 좌절시키고 곤궁케 하며 돈을 벌지 못하게 하고 있다는 사실을 우리에게 보여 주셨다.

우리는 그녀와 함께 아파트를 방문했으며 이 아파트에 임대를 방해하는 귀신이 있다는 일치된 생각을 했다. 우리는 모든 방과 벽장에서 예수의 보혈을 간구했으며 악령에게 떠나라고 명하였다. 그리고 나서 아파트가 이번 주 안에 임대될 것이라고 선포했다. 이 일이 있은 지 이틀 후에 어떤 사람이 이 집에 세(貰)를 들고자 계약 증서에 서명했다.

아파트에서 쫓겨난 악령은 그녀가 경영하는 상점으로 들어갔다. 그래서 판매 실적이 아무런 이유도 없이 저조해지기 시작했다. 가격 수준이 적절했음에도 불구하고 물건이 더 이상 팔리지 않았다. 엎친 데 덮친 격으로 판매 직원들 사이에 불화와 말다툼과 싸움까지 발생했다. 따라서 우리는 이러한 문제들에 대해서 지속적이고도 특별한 기도를 드렸다. 그러자 마침내 악령이 떠나 갔다. 현재 그녀의 아파트 임대업과 상점 경영은 날로 번창해 가고 있다.

마음을 산란하게 하는 귀신

예전에 내가 만났던 귀신들 중에 몇몇은 이 책에 기록하기 망설여질 정도로 아주 특이하다. "음악 귀신"이 바로 이러한 경우에 해당된다.

플로리다의 던딘에서 친구들과 함께 체류할 때 나는 순복음 경영자 협회 회원인 한 여성을 만났다. 나는 그녀에게 자신의 괴로움을 말해 보라고 했다. 그녀는 어느 곳으로 가든지 간에 머리속이 음악 소리로 가득 찼다. 실제로 이러한 현상 때문에 그녀는 무척이나 마음이 어지러워 자신이 하는 일에 전념하기가 힘들었다. 솔직히 말해서 그녀의 곤경은 귀신 축출 사역에 전념하는 나에게도 매우 흥미로운 경우였다. 아무 때고 끊이지 않고 계속 음악이 들려 오는 게 뭐가 나쁜가? 나는 그녀에게 들려 오는 음악이 고전 음악인지 로큰롤인지를 물어 보았다.
"로큰롤이 아니예요. 그것은 아름다운 선율의 음악이랍니다."

그녀의 대답에 나는 난처해졌다. 만일 그것이 로큰롤이었다면 나는 귀신이 그녀에게 문제를 일으켰다고 재빨리 말했을 것이다. 그런데 아름다운 선율의 음악이라니? 내가 무슨 말을 할 수 있단 말인가?
그러자 그녀는 나를 직시하며 말했다.
"당신은 하나님의 사람이로군요. 저에게 말씀해 주세요. 이것은 귀신의 소행입니까?"

얼마나 난처했는지! "주여, 제게 보여 주소서. 주여, 저를 도우소서"라고 신속하게 기도해야 할 상황이었다. 내가 주님께 이렇게 기도하자마자 강하고 확실한 응답이 들렸다.
"그렇다"라고 성령께서 말씀하셨다.
"이것은 귀신의 소행이다."

그래서 나는 그녀에게 이것이 귀신의 소행이라고 말했다. 그러나 그때 나는 그 귀신의 이름을 전혀 몰랐다. 우리가 함께 기도했을 때 주님께서 그 귀신은 "마음을 산란케 하는 귀신"이라고 가르쳐 주셨다. 예수의 이름으로 그녀에게서 나오라고 귀신에게 명하자마자 그 귀신은, 축출당할 때의 가장 일반적인 형태인 재채기를 하기 시작했다. 1분 정도 지나자 그녀는 마음을 산란케 하는 귀신에게서 놓임 받았으며 오늘날까지 자유롭게 지내고 있다.

살인하는 귀신

나는 텍사스의 달라스에 위치한 어느 성경 학교가 개최한 집회에서 또다른 특징을 지닌 귀신을 만났다. 어떤 한 여성이 나에게

와서 기도를 요청했다. 나는 이럴 경우에 흔히 하는 말로 "당신은 예수님에게서 무엇을 원하십니까?"라고 물어 보았다. 그녀는 자신과 자신의 세 아이들을 죽이려고 하는 귀신을 두려워하고 있다고 대답하였다. 사단이 의도하는 바는 이 일가족을 몰살시키는 것이었다.

그래서 나는 살인하는 귀신들을 결박하고 그녀의 가족에게서 떠나라고 명했다. 그러자 그녀가 큰 소리를 질렀다. 그러나 나는 놀라지 않았다. 예수께서 귀신들의 이러한 반응을 수없이 보셨다는 사실을 알고 있었기 때문이다(눅 4:33, 34 참조). 그것은 유쾌한 체험이 아니었다. 귀신들은 격렬하게 몸부림치며 자신들을 드러낸 후 귀신 들린 사람을 구토케 했다.

이 살인하는 귀신들은 우리가 다루는 대부분의 다른 귀신들보다 다소 강하다. 이 귀신들은 대개 귀신 들린 사람을 구토케 하여 점액과 함께 나오거나 때때로 그들을 감싸고 있는 독물과 함께 나온다. 이러한 현상은 꼭 수술과 방불하지 않은가! 거룩한 의사이신 예수님의 손이야말로 귀신 들린 사람들의 몸 속에 정확하게 들어가서 귀신 축출과 치유를 행하신다. 나는 예수께서 자유케 하려고 행하신 고귀한 수술들을 셀 수 없을 정도로 많이 목격했다. 그리고 그때마다 수술에 따른 오물들이 마룻바닥에 흘려져 있었다. 무시무시하고 끔찍한 광경의 이런 일들은 실제로 일어났다.

그녀의 귀신 축출에는 30분 가량이 소요되었다. 그 다음에 우리는 이 여인이 성령 세례를 받도록 기도했다. 우리는 그녀에게 예수님의 보혈을 큰 소리로 간구하라고 가르쳤다. 그러자 예수님은 그녀에게 방언의 은사를 주셨다. 그리고 그녀는 성령의 도우심을 따라 방언하기 시작했다. 살인하는 귀신에게 완전히 매였던 그 여인이 이제 사랑으로 충만케 되었다. 이 얼마나 놀라운 변화인가!

예수님의 이름은 모든 더러운 귀신을 추방한다. 그리고 예수님의 보혈은 사람을 깨끗케 한다. 예수님의 이름과 보혈은 성령께서 임재하고 역사하실 수 있게 한다.

나는 이러한 체험들을 통해서 수많은 교훈을 배웠다. 우리는 끊임없이 귀신들과 싸워야 한다. 우리는 결코 싸움을 중지해서는 안 된다. 많은 사람들이 귀신 축출을 위한 기도를 하지만 즉각적으로 귀신이 쫓겨나지 않을 때에는 귀신들을 대적하는 것을 포기하는 경향이 있다.

그리스도인은 순간순간 귀신들을 대적해야 한다. 우리는 가정에서, 일터에서 귀신들을 내쫓을 수 있다. 우리는 하나님의 차녀이다. 우리는 귀신들을 포함한 모든 피조물을 다스리는 통치권을 부여받았다. 우리는 주님의 이름으로 이 통치권을 행사한다.

5

끊임없는 귀신 쫓기

우리가 처음으로 귀신을 쫓아낸 것은 우리가 사역하는 토론토 교회에서였다. 그리고 이 첫번째 귀신 축출의 대상은 가톨릭에서 기독교로 개종하여 정기적으로 집회에 참석하는 훌륭한 남성이었다. 그는 출생시부터 시작된 고질적인 천식으로 고통받았으며 지독한 골초였다. 우리가 그에게 기름을 바르고 기도했음에도 불구하고 그는 전혀 호전되지 않았다. 천식은 끊임없이 그를 괴롭혔다. 그리고 그는 담배를 끊을 수 없었다.

한 여성이 당시의 내게는 터무니없는 것으로 느껴지는 한 가지 의견을 제시했다. 그녀는 이렇게 말했다.
"목사님, 이것이 흡연 귀신의 소행이라고 생각되지 않으세요?"

당시에 나는 흡연 귀신에 대해서는 전혀 들어 본 적이 없었다. 오늘날 대부분의 그리스도인들은 귀신에 대해 관심을 기울이려 하지 않는다. "당신이 내게 천식 귀신에 대해 말할지라도 나는 그것 또한 믿을 수 없다"고 그들은 말한다. 무엇보다도 천식은 신경성 질환이고 흡연은 더러운 습관에 지나지 않는가? 귀신이라고? 마귀라고? 악령이라고? 어떻게 그런 것들이 이런 짓을 행할 수 있단 말인가? 그러나 하나님의 영께서는 내가 신학교에서 배울 수 없었던 수많은 사실들을 나에게 가르쳐 주셨으며 나를 인도하셨다.

먼저 나는 하나님에게서 어떤 해결책을 얻기 위해 이 사람과 함께 기도했다. 그러나 그는 여전히 귀신에게 매여 있었다. 그는 유아 시절부터 천식에 시달려 왔다. 그래서 그는 26세 때까지 일을 할 수가 없었다. 그 후로 14년 동안 그는 의사의 치료를 통해 약간의 도움이나마 받고자 하여 힘들게 번 돈을 치료비에 쏟아 부었다.

나는 다시 그와 함께 기도했다. 그러자 그는 놀랍게도 성령 세례를 받았으며 그 증거로 방언을 했다. 하나님에게서 이러한 복을 받았음에도 불구하고 그는 여전히 천식에 시달렸으며 니코틴에 중독되어 있었다.

성령이 불결한 사람 속에 들어갈 수 없다고 가르침 받았던 많은 그리스도인들은 그의 체험을 믿지 않으려고 했다. 우리는 성령이 하나님의 다른 모든 은사와 마찬가지로 우리에게 선물로 주어지며, 성령께서 그렇게 임하는 것은 우리의 노력이나 거룩함 때문이 아니라 믿음과 은혜 때문임을 깨달았다.

귀신 축출에 성공함

어느 날 아침 나는 그 형제에게 이렇게 말했다.
"우리는 당신이 흡연 귀신에게 괴로움 당하고 있다고 생각합니다. 당신은 이 귀신을 추방해야 한다고 느끼십니까?"

그는 귀신을 축출해야 할 필요가 있다는 나의 제안에 충격받지 않았다. 그에게 끼친 로마 가톨릭교의 영향 때문에 그는 목회자가 말하는 것을 사실로 받아들였다. 나는 그의 태도가 목회자에게 반항하는 개신교도들이 배워야 할 중요한 교훈이라고 생각한다!

기도 후에 우리는 그를 교회 지하실에 있는 주방으로 데리고 갔다. 귀신들이 때때로 큰 소리로 울부짖으며 나온다는 사실을 성경에서 읽었기 때문이다. 당시에 아내와 나는 이러한 사건들을 체험한 적이 없었다. 그럼에도 불구하고 우리는 귀신 축출 사역을 행했다.

아내와 나는 자리에 앉았으며 그 남자 교우는 우리 앞에 앉았다. 나는 예수께서 내게 말씀하신 것 외에는 아무것도 알지 못했다. 그러나 예나 지금이나 그것으로 충분하다! 예수께서는 "저희가 내 이름으로 귀신을 쫓아내며"(막 16:17)라고 말씀하셨다.

나는 또한 사단의 면전에서 예수의 피를 사용해야 한다고 배웠던 것이 기억났다.

우리는 권능을 지속시키는 예수님의 보혈에 관한 찬송가를 같이 불렀다. 그리고 나서 우리는 공격을 개시했다.
"예수의 이름으로 명하노니, 나오라!"
우리가 귀신에게 지속적으로 명령하고 강력하게 귀신과 싸웠을 때에 천식 귀신과 흡연 귀신은 그 사람에게 재채기와 구토를 일으키게 했다.

1시간 20분 후에 타액으로 흠뻑 적셔진 상당량의 손수건들이 바닥에 널려 있었다. 하지만 그는 은혜롭게도 치유되었다! 그는 일어서서 숨을 깊이 들이키고 『하나님을 찬양하나이다! 나는 치유되었도다! 나는 내 생애에 최초로 온전히 숨쉴 수 있게 되었도다!』라고 외쳤다.

우리는 무엇을 행했는가? 사도 바울은 이렇게 말했다.
"우리의 씨름은 혈(血)과 육(肉)에 대한 것이 아니요 정사와 권세와 이 어두움의 세상 주관자들과 하늘에 있는 악의 영들에게 대함이라"(엡 6 : 12).

우리는 천식을 앓게 했던 질병 귀신을 쫓아냈다. 비록 천식이 호흡기 계통과 신경 계통에 생기는 발작성 질환이지만 우리는 귀신이 이러한 고통을 초래했다는 사실을 깨달았다.

이 형제는 지금도 건강한 상태이다. 그는 예수께서 자유케 하셨으므로 더 이상 담배를 피우지 않았다. 하나님은 그를 사용하셔서 회중들을 위하여 방언과 방언 해석과 예언의 은사를 행하게 하고 계신다.

자살 귀신

그 형제가 치유된 지 이틀 후에 다른 한 사람이 나에게 전화를 했다. 오순절 계통의 교회 집사인 이 그리스도인 형제는 강렬한 자살 충동과 고투하고 있었다. 성령 세례를 받고 교회 집사가 된 사람이 귀신에게 사로잡힐 수 있는가?

신학교에서는 이를 어떻게 설명할 수 있는가? 그가 다니는 교회 목사는 이를 어떻게 설명할 수 있는가? 누구든지 이를 어떻게 설명하겠는가? 그들이 말하는 것을 심사 숙고해 보라. 나는 귀신이 그의 고통의 근원일 것이라고 그 사람에게 즉시 말했다. 절망적인 상황에 처한 그 사람은 자신이 무엇을 할 수 있는지 물어왔다. 나는 최근의 귀신 축출 사역을 상기하면서 그 사람을 위해서 귀신 축출 사역을 준비해야 한다고 느꼈다.

"우리가 할 수 있는 일이 한 가지 있습니다"라고 나는 말했다.
"우리는 이 자살 귀신들을 쫓아낼 수 있습니다."

『언제요?』라고 그는 질문했다.

나는 주님을 향한 믿음과 기쁨으로 충만해서 "오늘 밤입니다"라고 대답했다. 나는 내가 그리스도 안에서 지고(至高)한 자리를 차지하고 있으며 귀신의 세력을 정복하는 권세를 부여받았음을 깨달았다.

아내는 우리와 함께 또다시 지하실 주방으로 내려갔다. 우리는 주방의 한 켠에 앉았다. 그리고 이 낙심한 사람은 자신의 아내와 함께 다른 한 켠에 앉았다. 주방은 영적 투쟁의 장소가 되었다.

우리는 귀신이 우리를 공격하는 것을 원치 않았기 때문에 예수님의 보혈에 관한 찬송가를 함께 불렀다. 그러자 귀신들은 우리를 이길 능력이 없다는 사실을 깨달았다. 그리고 나서 우리는 귀신 축출을 명하였다.
놀라웁게도 이 사람은 자신이 앉아 있는 의자에서 한쪽 발을 허공으로 뻗어 올렸다. 그리고 그는 바닥에 털썩 떨어졌으며, 개가 입에 인형을 물고 흔드는 것처럼 이리저리로 머리를 흔들었다.

우리는 모든 더러운 자살 귀신들에게 그 사람에게서 나오라고 예수의 이름으로 강력하게 거듭 명했다. 한 시간 후에 수많은 귀신들이 그 사람으로 하여금 소리를 지르게 하고 재채기하게 하고 구토케 하고 몸부림치게 했다. 그러면서 귀신들은 말하기 시작했다. 우리는 귀신들이 예수께 말했다는 것을 성경에서 읽었지만 오늘날 귀신들이 말하는 것을 들었다는 사람은 보지 못했다. 하지만 우리는 이제 후자의 사실을 알고 있다.

우리는 이 형제에게 얼마나 많은 수효의 귀신들이 남아 있는지 귀신들에게 물어 보았다. "스물"이라고 귀신들이 대답했다. 우리는 귀신들이 나올 때마다 그들의 수효를 세었다. 귀신들은 각각 다섯 마리씩 나왔으며 그 뒤에 잠시 나오기를 멈추었다. 우리는 남아 있는 귀신들의 수효를 다시 물어 보았다. 놀랍게도 귀신들은 우리의 질문에 사실대로 대답했다. 그리고 때때로 대답을 회피하고 자신들의 입장을 주장하곤 했다.

그러나 우리가 예수의 이름으로 강력하게, 대답하라고 명했을 때 귀신들은 진실을 말했다.
"열 다섯."
"열."
"다섯."
마지막으로 남은 귀신은 그 사람에게 계속 남아 있으려고 25분 간이나 분투했다. 그러나 예수의 이름과 권세 있는 명령으로 그 귀신은 쫓겨났다. 마침내 귀신의 속박에서 자유케 되자 그 형제는 머리를 뒤로 젖혔으며 방언을 하고 하나님을 찬송했다.

그는 하나님께 조건을 걸고 간구했다. 그는 자신이 진실로 구원받았다면 하나님께서 자신에게 예언의 은사를 주시기 원한다고 말했다. 그리고 다음 주일 성찬식에서 이 정결케 된 사람은 교회의 모든 교인들을 교화하는 훌륭한 예언을 했다.

다시는 범죄치 말라

이 같은 귀신 축출 역사는 굉장히 극적이다. 나는 하나님의 권능으로 말미암아 포로 된 자들이 자유케 되는 것을 볼 때 힘이 난다. 사단의 패배를 증명함으로써 신앙이 엄청나게 성장하게 된다. 그러나 귀신 축출은 결코 자동적으로 이루어지지 않는다. 새로이 부여된 자유를 지키는 것은 그 사람이 하나님과 아주 친밀하게 동행하는 것에 좌우된다.

사도 바울은 "두렵고 떨림으로 너희 구원을 이루라"(빌 2:12)고 간단하게 말했다. 사도 야고보는 우리에게 "행함이 없는 믿음은 죽은 것이니라"(약 2:26)고 했다.

아주 극적인 방법으로 구원받았던 사람들 중에 몇몇은 예전의 타락한 생활 방식으로 되돌아갔다. 어찌하여 낙심한 사람들은 다시 타락하는가? 쫓겨났던 귀신들은 앙갚음하려고 되돌아온다. 다시 귀신 들린 사람은 대개 예전보다 더 악화된 상태가 되고 만다. 귀신 축출로 치유된 간질병 환자들은, 은혜롭게도 귀신의 속박에서 벗어나 자유롭게 되었다. 그러나 그들 중에 일부는 예전보다도 하나님과 더욱 친밀하게 동행하지 않았기 때문에 다시 귀신들에게 사로잡히게 되었다.

우리는 다시 귀신 들린 사람들을 위하여 귀신 축출 사역을 행했다. 죄와 불순종과 부주의 때문에 그들의 삶이 다시 귀신에게 붙들리게 된 것이다. 우리는 귀신들이 단지 예전의 약점만으로도 다시 그 사람들에게 들어갈 수 있다는 사실을 명심해야만 한다. 따라서 하나님과 귀신 들렸던 사람 사이의 간격이 귀신 축출 이후에 좁혀지지 않는 한, 그 사람은 똑같은 어려움을 또다시 겪을 수 있다.

예수님은 방금 전에 치유한 중풍병자에게 "보라 네가 나았으니 더 심한 것이 생기지 않게 다시는 죄를 범치 말라"(요 5:14)고 경고하셨다. 예수님은 그 사람이 예전의 죄 때문에 중풍병에 걸렸다는 사실을 지적하셨다. 귀신이 쫓겨난 이후의 치료는 다시 죄를 범치 않는 것이다. 죄가 "불법"(요일 3:4)이라는 성경의 정의(定義)를 깨달았다면, 자기 좋은 대로만 행할 수는 없다. 귀신 축출 이후에 하나님과 동행하는 길은 아주 좁은 길이다.

수많은 그리스도인들은 하나님과 동행하는 것이란 예수님을 따르는 것이라고 막연하게 생각하고 있다. 그들에게 예수님은 낭만적인 연인일 뿐이다. 그래서 어쩌다 예수님의 뜻을 어길 수 있으며 그리할지라도 예수께서 그들의 마음을 이해하시리라고 생각한다. 그들은 자기 마음대로 행하기 위해, 죄 사함을 은혜 아래서 해석하지 율법 아래서 해석하지 않는다. 이 경솔하고도 육욕적인 그리스도인들은 질병에 걸리게 될 것이며 치유되지 않을 것이다.

"더 심한 것이 생기지 않게 다시는 죄를 범치 말라"는 말씀은 오늘날의 교회들에게 모든 귀신 축출 사역에서의 원전(原典)이 되어야 한다.

다시 귀신 들릴 가능성

이 주제에 대한 가장 적합한 성경 본문은, 귀신이 나간 다음에 수리되고 청소되고 깨끗케 된 집으로 비유된 사람에 대한 이야기일 것이다. 이 귀신은 그리 쉽사리 물러나지 않았다. 그는 돌아오기에 적당한 순간을 기다리며 이리저리 배회했다. 마침내 그 사람은 다시 범죄했다. 그리고 이 귀신은 자기보다 더 악한 일곱 귀신을 데리고 돌아왔다(마 12:43~45 참조).

이 사람이 구원받지 못했다고 말하는 것은 본문의 명백한 의미를 오용하는 것이다. 분명히 그는 구원받고 귀신에게서 자유케 되었으며 예수님의 보혈로 정결케 되었다. 그러나 그는 다시 타락하는 길을 선택했으며 결국 예전의 타락한 습관으로 되돌아갔다. 그러자 예전에 그 사람에게 있던 귀신과 아울러 다른 일곱 귀신이 그를 괴롭히려 그에게로 들어왔다. 나는 이같이 다시 귀신 들릴 수 있다는 무시무시한 가능성을 지난 수년간 아주 생생하게 체험했다.

전화가 걸려 왔다.
"여보세요. 휘트 목사님이십니까?"
전화를 건 사람은 우리가 시무하는 교회의 주방에서 7년 전에 스무 마리의 귀신들에게서 벗어났던 바로 그 사람이었다.
『네, 그렇습니다』라고 나는 대답했다.
『무엇을 도와드릴까요?』
 "목사님은 예전 그 교회에 계십니까?"
『네, 그렇습니다.』
 "목사님은 여전히 같은 사역을 하고 계십니까?"
『네, 그렇습니다.』

 그는 안도의 한숨을 쉬었으며 하나님께서 나에게 전화를 걸라고 지시하셨다고 말했다. 그는 다시 죄악의 구덩이에 빠져 버렸다. "목사님께서는 저에게도 소망이 있다고 생각하십니까?"라고 그는 탄식하며 질문했다.
 "저는 무서운 타락의 길에 빠져 있습니다."
 나는 하나님의 은혜가 날마다 새롭기 때문에 참으로 소망이 있다고 그에게 확신시켰다. 그래서 그는 내 집무실로 왔다.

 그의 이야기는 무척이나 비참한 것이었지만 우리 모두에게 좋은 경고가 될 것이다. 극적으로 귀신이 쫓겨나간 다음에 그는 근교로 이사했다. 그곳에서 그가 출석했던 교회는 온전한 복음을 믿지 않았으며 치유와 귀신 축출을 가르치거나 실행하지 않았다.

 비 내리던 어느 날 업무상 토론토의 중심가로 차를 몰고 있었을 때 그는 버스 정류장에 서 있는 한 사내를 보았다. 그는 그 사내의 처지를 불쌍히 여겨서 자신의 차에 태웠다. 그런데 이 세속적인 사내는 그에게 담배 한 개피를 권했다. 그것은 우리의 형제에게 그리스도 안에 있는 구원과 귀신 축출에 대해 증거할 수 있는 절호의 기회가 되었다. 그러나 실상은 그렇지 않았다. 이와는 정반대로 우리의 형제는 그 사내가 권한 담배를 받았다. 그것은 지옥을 향한 그의 첫걸음이었다.

그는 날마다 이 사내를 자신의 차에 태워 주었으며 그때마다 함께 담배를 피웠다. 곧 그들은 서로 음주에 대해서 이야기하였다. 그들의 죄악은 술집에서부터 경마 놀음을 하는 경마장으로까지 확대되어 갔다. 마침내 이 새로운 친구는 우리의 형제에게 이렇게 말하였다.
"나는 당신을 사랑합니다."

이 사람의 이야기를 들었을 때 나는 그의 이야기를 믿기가 어려웠다. 그에게는 아름다운 아내와 네 명의 훌륭한 자녀들과 좋은 가정이 있었다. 나는 종종 그들을 방문하곤 했다. 과연 어떤 권세가 이 선량한 그리스도인을 동성연애자로 변질시켜 그의 아내와 가족을 떠나 다른 남성과 동거하게끔 하였는가? 심리학은 이러한 현상을 해명할 수 없다. 이것은 예전에 그에게 있었던 귀신의 소행이었는데 이 귀신은 동거케 하는 귀신들과 함께 활동했던 것이다.

전보다 더욱 심하게 됨

신학은 그리스도인이 귀신 들릴 수 없다고 설명한다. 그러나 하나님께서는 이 형제를 7년 전에 자살 귀신에게서 구원하셨다. 그런데 이 성령 충만했던 사람이 7년 전에 어떻게 자살 귀신에 들릴 수 있었단 말인가? 그리고 지금 그에게 들어가 있는 귀신들은 무엇이란 말인가?

나는 이에 대해서 단 한 가지 대답이 있을 뿐이라는 사실을 알았다. 그는 성경 말씀에 불순종함으로써 이 비극적인 상태에 이르렀던 것이었다.
"마귀로 틈을 타지 못하게 하라"(엡 4:27).
그는 예전에 성령께서 차지하셨던 곳을 귀신이 차지하도록 방치했다.

비탄에 빠진 이 사람은 괴로운 고백을 한 다음에 의자 깊숙이 몸을 파묻었다. 그는 엄청난 죄 때문에 영적으로 산산이 찢겨진 상태에 있었다. 그러나 그는 다시 구원받을 수 있는 준비가 되어 있었다.

더 이상 지체하지 않고 우리는 "예수의 이름으로 명하노니 나오라"고 귀신들에게 명령했다. 그 사람도 귀신 축출을 받기 위한 준비가 되어 있었다. 더러운 귀신들은 그 사람으로 하여금 끊임없이 재채기를 하게 하고 질식케 하면서 나오기 시작했다. 내가 아무런 질문도 하지 않았는데도 귀신들은 그 사람에게서 쫓겨날 때 자발적으로 자신들의 이름을 밝혔다. 귀신들이 스스로 알려 준 이름들은 색욕, 더러움, 불결함, 변태 성욕, 저주 등등이었다. 20분이 지나자 그 사람은 온전하게 다시 자유케 되었다.

귀신 축출 사역이 끝났을 때 내가 깨달은 것은 예수의 이름으로 귀신 축출이 성취되었다는 사실이었다.

"더러운 귀신이 사람에게서 나갔을 때에 물 없는 곳으로 다니며 쉬기를 구하되 얻지 못하고 이에 가로되 내가 나온 내 집으로 돌아가리라 하고 와 보니 그 집이 비고 소제되고 수리되었거늘 이에 가서 저보다 더 악한 귀신 일곱을 데리고 들어가서 거하니 그 사람의 나중 형편이 전보다 더욱 심하게 되느니라"(마 12 : 43~45).

이 말씀은 그 사람에게 일어났던 일을 설명해 준다. 첫번째 귀신 축출 이후에 그의 "집"은 깨끗케 되고 소제되고 정돈되어 있었다. 그러나 그는 새로운 방문객이신 성령으로 충만케 되지 않았다. 그의 집은 텅 비어 있었다. 그래서 자살 귀신이 되돌아왔다. 또한 그 귀신은 자신의 친구들인 더러운 일곱 귀신들을 불러들였다. 그리고 그 귀신들도 그 사람에게로 들어갔다. 이렇듯 그리스도인이 다시 타락하면 그는 그 얼마나 큰 곤경에 처하게 되는가! 그러나 하나님께 감사하라. 예수께 무릎을 꿇고 죄사함을 구하고 삶 속에 예수님을 영접하는 사람들은 누구든지 귀신 축출을 받을 수 있다.

그로부터 7년 후에 나는 어떤 교회에서 그 형제를 만났다. 나는 즉시 그가 그 동안 어떻게 살았는지를 물어 보았다. 그는 기쁨에 넘쳐서 그간의 일을 말해 주었다. 그는 두번째 귀신 축출을 받은 이후에 가정으로 돌아왔으며 자신의 아내와 가족에게 자신의 잘못을 낱낱이 고백했다. 그들은 그를 용서하고 받아들였다. 그 후에 하나님은 그의 사업을 번창케 하셨으며 그는 더 좋은 집을 구입했다. 이제 그는 예수님의 보혈로 자신의 집을 정결케 하고 있다. 귀신은 그에게서 영원히 떠나 버렸다.

귀신 축출받은 상태를 유지하는 방법

하나님은 귀신들을 축출할 수 있는 권능을 교회에 부여하고 계신다. 따라서 귀신에게 고통받는 사람은 그리스도인이든지 불신자든지 간에 기꺼이 귀신 축출을 받아야만 한다.

도덕적으로 타락한 사람들과 알코올 중독자들과 마약 중독자들이 귀신 축출을 원한다고 말할지라도 그들이 진심으로 원하는 것은 순간적인 위안뿐이지 살아 계신 하나님께서 베푸시는 참된 귀신 축출이 아니다. 그들은 자신들의 죄악을 부끄러워하지만 회개하지는 않는다. 진심으로 귀신 축출을 원하지 않는 사람들에게는 우리가 아무리 많은 시간을 들일지라도, 귀신이 쫓겨나는 일이 일어나지 않았다. 따라서 영들을 매우 엄격하게 살피고 식별하는 것은 필수적이다.

　귀신에게 고통받는 사람이 자발적으로 협조하는 것은 영원히 귀신을 내쫓는 데에 가장 중요하다. 이것은 마약 중독자들이나 알코올 중독자들의 경우를 보면 확실하다. 만일 그들이 귀신 축출받은 이후에 하나님과 동행하지 않는다면 귀신들은 재빨리 되돌아올 것이다(마 12:43~45 참조).

　귀신 축출 사역은 감정에 기초를 두지 않는다. 우리는 귀신 들린 사람들에 대해서 동정심을 느낀다. 그러나 그들이 귀신 축출을 원하지 않는 한 그들은 치유될 수 없다. 우리가 그들에게 있는 귀신들을 내쫓을지라도 귀신들은 우리가 돌아갔을 때 그들에게로 되돌아올 것이다.

　귀신 들린 사람들은 자원하여 귀신 축출을 받고 또한 그 상태를 유지해야만 한다. 사단이 들어왔던 울타리의 틈은 사단이 쫓겨난 이후에 막아야만 한다. 우리는 원수의 위협적인 술책에 굴복하지 말아야 한다. **귀신 축출 이후에 우리는 하나님과 친밀하게 교제하는 삶을 살아야 한다. 그리하여야만 비로소 우리는 귀신이 쫓겨난 상태가 지속되리라 보증할 수 있다.**

6

사람들을 자유케 하기

귀신 축출 사역을 시작할 때 나는 종종 20분에서 한 시간 정도 귀신 들린 사람을 위하여 기도한다. 이러한 기도는 나의 시간과 정력을 상당히 요구하는 아주 힘든 일이었다. 몇 년이 지나서 나는 귀신 축출 사역을 신속하게 행할 수 있는 방법을 발견했다. 신속하고도 효과적인 귀신 축출은 다음 두 가지 요소에 달려 있었다.

- 그리스도 안에서 우리가 지닌 강력한 권세에 대한 이해
- 귀신 축출을 받고자 하는 사람의 자발적인 협력

기도할 때 우리는 귀신에게 우리를 속일 수 없다고 했다. 그리고 귀신에게 즉시 나오라고 명했을 때 귀신은 우리의 명령에 복종했다. 예전에 한 시간 정도에 걸쳐서 행해졌던 귀신 축출은

이제 몇 분 만에 끝난다. 우리는 귀신 들린 수많은 사람을 위하여 기도했으며 그때마다 악령들은 몇 분 내에 귀신 들린 사람들로 하여금 재채기하게 하고 질식케 하고 고함을 지르게 하면서 나왔다. 이때 그 사람들은 땅바닥을 굴렀으며 그 다음에 자신들을 자유케 하신 하나님을 찬양하며 일어났다.

나는 귀신들과 말하지 않았으며 그들이 자기 이름이나 존재를 실토하게 유도하지도 않았다. 성령께서 내가 알아야 할 모든 것을 보여 주셨다. 예수님은 귀신들에게 아무 말도 하지 말고 나가라고 명하셨다. 이러한 예수님의 태도는 귀신 축출에 대한 성경적인 전형인 것 같다. 우리는 예수님이 행하셨던 것처럼 행했다. 그러자 귀신들은 이에 복종했다. 반면 우리가 확신이 없을 경우에 귀신들은 우리를 속이며, 우리가 그들과 싸우는 동안 나가지 않으려 하거나 아주 천천히 나갔다.

온타리오 토론토 근교인 스카보로에 위치한 우리 교회에는 매주 수많은 사람들이 귀신들에게서 해방되고 성령의 충만함을 받고자 찾아왔다. 관절염과 정신 질환과 폐 질환과 호흡기 질환으로 시달리는 수많은 사람들은 귀신 축출을 통하여 치유되기를 구하였으며 또 치유되었다. 질투와 분노와 증오와 자기 연민과 살인 충동과 자살 충동과 흡연과 음주와 부정한 성 행위와 마약에 중독되어 있는 사람들도 은혜롭게도 자유케 되었다.

이러한 문제들을 지닌 사람들이 꾸준하게 우리를 찾아왔다. 그리고 하나님은 우리의 기도를 통해서 그들 중 대다수를 영원히 귀신에게서 자유롭게 하셨다. 그들이 귀신 축출받은 직후에 우리는 그들에게 예전에 더러운 귀신들이 차지했던 모든 영역에 성령께서 충만케 되기를 바라는지 그 여부를 물어 보았다. 대다수 사람들은 우리의 질문을 잘 이해했든지 못했든지 간에 영적으로 굶주려 있었으므로 성령 충만을 원했다. 예전에 성령 세례에 관해서 전혀 배우지 못했던 사람들은 자신들도 놀랄 정도로 방언을 하기 시작했다. 그때에 그들의 표정이 그 얼마나 엄청나게 변화되었는지!

귀신들에게 시달리고 고통당하는 수천 명의 사람들은 오늘날 우리의 교회들에서 귀신 축출 사역이 행해지기를 원한다. 귀신들에게 시달리는 사람들이 진실로 "구원받았는지"의 여부에 대하여 논쟁하는 것은 무의미하다. 그들의 영적인 상태가 어떠하든지 간에 그들은 도움을 필요로 한다. **하나님은 예수 시대에 역사하셨던 것처럼 오늘날에도 귀신 축출을 행하신다. 귀신 축출 사역은 예전과는 달리 사람들의 깊은 영적인 욕구를 채워 주고 있다.**

패배당한 귀신들

사도 야고보는 "귀신들도 믿고 떠느니라"(약 2 : 19)고 우리에게 말한다. 진정으로 그리스도인들은 예수의 이름으로 귀신들을 이길 수 있는 엄청난 권세를 지니고 있다. 우리는 귀신들을 패배당한 적(敵)으로 취급해야 한다.

나는 한 가지 유별난 체험을 통하여 이 진리를 깨달았다. 어느 날 나는 예배당에서 동료 목회자와 대화하고 있었다. 그때 예기치 않게도 술취한 사람이 비척거리면서 교회로 들어와서 우리를 모욕하기 시작했다. 나는 귀신과 직면했음을 깨달았으므로 예수의 이름으로 귀신을 꾸짖었으며 나에게 복종하라고 명했다. 그러나 그 결과는 터무니없었다.

그 사람은 위아래로 뛰어다니며 예수의 이름을 저주했다. 그는 자기의 양복 상의를 찢어 벗어서 허공에 내던졌다. 그 다음에 그는 자신의 와이셔츠를 벗더니 허공에 내던졌다. 그는 호주머니에 있던 동전들을 꺼내어 모두 예배당에 뿌려 버렸다. 그가 이런 짓을 하는 동안에 나는 계속해서 귀신들을 결박하고 꾸짖었다.

이 술취한 사람은 우리를 향하여 비틀거리며 오더니 자신이 우리보다 기독교에 대해서 더 잘 알고 있다고 주장하며 논쟁하려고 했다. 나는 계속 귀신들을 꾸짖고 결박했다. 마침내 그는 예배당 바닥에 쓰러졌으며 팽이처럼 돌기 시작했다.

갑자기 그 사람은 돌다 말고 일어서서 자신이 내던진 와이셔츠가 있는 곳으로 가서 옷을 입고 자신이 뿌렸던 동전들을 줍기 시작했다. 나도 그의 곁에서 동전 줍는 것을 도와주었다. 그리고 양복 상의를 입는 것도 도와주었다. 그러자 그는 매우 평온하게 교회 밖으로 걸어 나갔다.

이 사건은 우리가 귀신들을 능가하는 권능을 지니고 있다는 사실을 입증했다. 나는 어떤 사물이나 어떤 사람이나 전혀 두려워할 필요가 없다는 사실을 알았다. **예수님은 끊임없이 우리를 사로잡으려는 어둠의 세력에 맞서 우리를 실제적으로 보호하고 계신다.**

광기를 지배하는 권능

나는 광기의 귀신을 다루면서 귀신들을 지배하는 하나님의 권능의 또다른 증거를 목격하였다. 메어리는 귀신의 세력에 엄압당했으며 온타리오에 위치한 정신 병원에 감금되어 있었다. 그러나 매월 일정한 기간에 그녀는 제정신으로 돌아왔다. 그러나 그녀는 생리 기간이 되면 제정신을 잃고 난폭해졌다.

메어리의 어머니는 크리스챤 사이언스 종파(1866년 미국 여성 Mary Baker Eddy가 창시한 이단 종파로서, 심신의 만병은 그리스도의 가르침의 체득과 신앙을 통해 고쳐진다고 설파하고, 의약을 쓰지 않고 정신적·영적 치료를 베푼다)에 속한 사람이었는데, 자신의 딸을 매달 며칠 동안 병원에서 집으로 데리고 왔으며, 다음 발작이 생기기 전에 메어리를 병원으로 데리고 갔다.

메어리의 어머니는 우리가 행하는 귀신 축출 사역에 대한 소문을 듣고는 내가 자기 딸을 도울 수 있는지 알기 위하여 찾아왔다. 크리스챤 사이언스 교도인 그녀는 귀신 축출에 관해서는 전혀 아는 바가 없었다. 그녀가 다니는 교회는 메어리가 사실 병들지 않았으며 "제정신"이라고 가르쳤다.

메어리의 어머니는 메어리를 교회 사무실로 데려오다가 잠시 지체할 수밖에 없었다. 교회로 오는 길에 아주 위험한 곤경에 처하게 되었다. 메어리가 발광을 한 것이다.

겨우 교회에 당도했을 때 메어리는 차에서 내리자마자 "나 거기에 안 가!"라고 소리 지르기 시작했다. 어머니는 딸을 진정시키려고 했지만 그럴수록 더 난폭해졌다. 그녀는 뒤돌아 서더니 차도(車道)로 뛰어들었다. 물론 그녀의 어머니는 어쩔 줄을 몰라했다. 그러나 나는 우리가 메어리에게 있는 귀신을 다스릴 수 있으며 메어리에게 제정신으로 돌아오라고 명령할 수 있다고 격려했다. 우리는 경찰에 연락하지 않았다. 그 대신에 우리는 예수께 이 사실을 고하였다. 우리가 생각했던 대로 10분 정도가 흘러 메어리는 교회로 돌아왔다. 그러나 그녀는 여전히 교회에 들어오기를 거부했다.

『메어리.』
나는 준엄한 목소리로 말했다.
『내가 예수의 이름으로 네게 명하노니 교회로 들어오라.』
그러자 그녀는 즉시 복종했다.

교회 안으로 들어온 후 나는 그녀에게 사무실로 들어가라고 명했다. 그 다음에 나는 그녀에게 자리에 앉으라고 했다. 나는 이 방법을 통하여 우리가 참으로 적을 정복하는 권능을 지니고 있다는 사실을 깨달았다.

그녀의 어머니는 메어리가 종종 난폭해져서 두 손으로 유리창을 밀어서 깨뜨리려고 했다고 말해 주었다. 이러한 이야기를 듣고 나서 나는 이 광기의 귀신들에게 그녀에게서 나오라고 명했다. 우리는 그녀에게 들려 있는 귀신들과의 오랜 싸움에 들어갔다. 이 싸움이 길어졌던 것은 그녀의 어머니가 그 자리에 함께 있으면서도 올바른 신앙으로 협력하지 않았기 때문이었다.

한 시간 후에 몇몇 귀신들이 나올 때 메어리는 무시무시한 괴성을 질렀다. 더구나 그때 그녀에게 남아 있는 귀신들은 크게 요동했다. 메어리는 자리에서 일어나 두 손을 밀어 유리창을 깨뜨리려고 했다. 나는 명치 부위를 일격하면 사람이 일시적으로 진정하게 된다는 사실이 기억났다. 나는 그녀의 자기 파괴적인 행동을 중지시키기 위해 이 부위를 재빨리 일격했다. 그러자 그녀는 즉시 의자에 맥없이 주저앉았으며 그 상태로 소리를 지르기 시작했다. 나는 이러한 치료법을 추천하거나 옹호하는 것이 아니다. 그러나 이렇듯 다급한 상황에서는 그런 조치가 필요하다.

메어리는 다소 진정했지만 확실히 제정신이 아닌 상태였으며 귀신들도 여전히 크게 동요하고 있었다. 그때는 토요일 새벽 2시였다. 우리는 그녀를 다시 정신병원으로 보내기로 결정했다.

"당신은 결코 병원에 갈 수 없을 거야."

그녀는 으르렁거리듯 말했다.
"당신이 운전할 때 목에 담배를 찔러 넣을 거야."

　병원을 향해 출발할 때 나는 귀신들을 꾸짖고 조용히 있으라고 명했다. 병원까지 가는 짧은 시간 동안에 메어리는 뒷좌석에서 그녀의 어머니 옆에서 잠이 들었다. 아내는 나와 함께 앞자리에 탔으며 병원에 가는 동안 끊임없이 기도했다. 잠시 후에 우리는 그녀를 안전하게 정신병원에 옮겨 놓았다.

　다음 날 그녀는 예전처럼 격렬하게 발작을 했다. 그녀와 다른 사람의 안전을 위하여 병원의 보조원들은 벽에 완충물을 설치한 특수 병실에 그녀를 감금했다. 흥미롭게도, 메어리는 그때의 발작 이후로는 더 이상 발작하지 않았다. 귀신들이 우리의 권세에 굴복했던 것이다. 우리는 몇 년 전에 마지막으로 메어리를 보았는데, 그때 그녀는 빌리 그래함 선교 단체에서 상담자로 사역하고 있었다.

위임받은 권세

나는 귀신들이 우리의 명령에 복종하는 것에 놀라지 않았다. 예수님은 열두 제자를 파송하실 때에 "병든 자를 고치며 죽은 자를 살리며 문둥이를 깨끗하게 하며 귀신을 쫓아내라"(마 10:8)고 명하셨다. 그 후에 또한 예수님은 70인 전도대에게 똑같은 명령을 주시고 각동 각처로 둘씩 파송하셨다(눅 10:1 참조).

제자들은 첫번째 선교 여행에서 돌아와서 기쁨에 넘쳐 "주여 주의 이름으로 귀신들도 우리에게 항복하더이다"(눅 10:17)라고 보고했다. 예수님은 이 즐거운 보고를 들으신 후에 제자들에게 놀라운 약속을 주셨다. 실제로 이 약속은 귀신과 싸우는 그리스도인들을 강건케 할 것이다.

> "내가 너희에게 뱀과 전갈을 밟으며 원수의 모든 능력을 제어할 권세를 주었으니 너희를 해할 자가 결단코 없으리라 그러나 귀신들이 너희에게 항복하는 것으로 기뻐하지 말고 너희 이름이 하늘에 기록된 것으로 기뻐하라"(눅 10:19, 20).

하나님의 말씀은 우리가 예수의 이름으로 귀신들을 쫓아낼 수 있으며 귀신들이 우리를 해칠 수 없다는 사실을 보증한다. 왜냐하면 예수께서 귀신의 모든 능력을 다스릴 온전한 권능과 권세를 우리에게 주셨기 때문이다.

빈혈과 천식과 고혈압과 대장염과 정신 질환은 질병 귀신들에게 떠나라고 명령함으로써 치유할 수 있다. 그리고 이러한 질병들이 치유되는 것은 눈으로 분명하게 볼 수 있다. 심지어 일부 치유된 사람들은 귀신들이 떠날 적에 "어두운 그림자"를 보며 엄청난 안도감을 느낀다.

게일의 치유

어느 날 한 여성이 토론토에 있는 우리 교회를 방문했다. 그녀는 우리의 라디오 방송을 듣고 우리 가운데 있는 하나님의 치유의 권능에 관심을 갖게 되었다. 그녀는 척추 퇴화로 고통받았으며 결국 휠체어를 사용해야 할 지경에 이르렀다.

  이 여성은 숙달된 수영인이자 수영 지도 교사였기 때문에 생계 문제에 대해서 무척 염려했다. 나는 그녀의 척추에서 활동하는 파괴적인 질병 귀신을 다스렸으며 그녀는 즉시 치유되었다.

  이 치유 이적은 신약의 기독교에 대한 그녀의 전반적인 이해를 변화시켰다. 이 여성은 새로 발견한 신앙을 자신의 딸 게일에게 전하고자 했는데 그녀의 딸은 학교에서 체조하다가 발목을 심하게 다친 상태였다. 이 소녀는 고통을 없애기 위하여 몇 달 동안 관절염 치료약을 복용해 왔다. 그러나 그녀의 발목은 전혀 낫지 않았다.

  어느 날 소녀 게일은 지팡이를 짚으며 교회로 왔다. 예배가 끝나고 사람들이 다 떠나갔을 때 이 소녀는 자신의 어머니와 함께 뒷자리에 앉은 채 수줍어하며 기도를 요청했다. 당연히 나는 이 소녀의 요청에 동의했다. 그러나 나는 그 소녀가 "기도 후에 제가 춤을 출 수 있나요?"라고 물었을 때 무척 놀랐다.

  『교회 안에서 춤을?』
나는 이내 웃으면서 이렇게 말했다.

『좋아 좋구 말고, 예수님이 치유하신다면 말이야!』

우리는 게일에게 안수하고 믿음으로 기도했다. 그러자 그녀는 순조롭게 손과 발을 움직이게 되었다. 이것은 예수께서 그녀를 치유하셨다는 사실을 입증한 것이었다. 이 치유 경험으로 그녀의 전생애는 완전하게 변화되었다. 그리고 그녀와 그녀의 어머니는 곧 성령 세례를 받았다. 그 후에 그녀는 여러 정서적 문제에서 벗어났으며 마침내 나의 아들 스티븐과 결혼했다. 게일은 체육학 학위를 받고 토론토 대학을 졸업했다.

이 얼마나 굉장한 이야기인가! 내가 라디오 방송을 하게 된 후 아들이 결혼할 때까지 일어난 일들이 말이다. 우리는 주님께서 그분을 사랑하는 사람들을 위하여 이렇게까지 예비하신다는 사실을 그때서야 비로소 알게 되었다.

죄 고백과 귀신 축출과 치유

귀신을 다스리는 이 권능은 사돈을 치유할 때도 발휘되었다. 큰 아들 데이비드는 북아일랜드 출신의 훌륭한 그리스도인 여자와 결혼했다. 그런데 불행하게도 큰 며느리 제네비브의 어머니는 오른팔에 생긴 점액낭염과 불치의 관절염으로 시달렸다. 실제로 그녀는 3년 동안이나 팔을 들 수조차 없었다. 그녀는 귀신 축출에 대해서 전혀 알지 못했다. 하지만 제네비브가 나에게 자신의 어머니를 방문하여 건강의 완쾌를 위하여 기도해 달라고 요청했다.

사돈은 팔을 잘 들지 못했다. 심지어 그녀의 두 손에도 결절(結節)이 생겨 심한 통증에 시달렸다. 또한 아주 애써야만 간신히 산책할 수 있을 정도였다. 확실히 하나님께서 개입하지 않으셨다면 그녀는 휠체어를 사용해야만 했을 것이다.

나는 그녀에게 나의 기도가 그녀가 예전부터 알고 있는 기도와는 다른 것이라고 말했다. 나는 예수께 그녀를 치유해 달라고 한 것이 아니라 예수께서 제자들에게 말씀하셨던 기도 방식대로 기도하려고 했다. 또한 나는 비판과 불평과 자기 연민이 치유에 장애가 되므로 어떤 질병에 걸렸든지 간에 자기 반성이 반드시 필요하다고 말했다. **만일 병든 사람들의 마음 속에 비판과 불평과 자기 연민이 뿌리 박고 있다면, 그들은 이러한 죄를 고백하고 사함을 받아야 한다.** 그녀는 자신의 죄를 고백했다.

그리고 그녀는 자리에 앉았다. 나는 그녀를 결박하는 귀신들을 예수의 이름으로 꾸짖기 시작했다. 내가 이 상황에서 계속 권세를 행사하자 그녀는 갑자기 땀을 흘리며 말하였다.
"나는 예전에 이렇게 기도하는 사람이 있다고 들어 본 적이 없어요!"

나는 10분 정도 이러한 방식으로 계속 기도했다. 나는 치유 사역이 시작되었음을 느끼고는 그녀에게 팔을 머리 위로 올려 보라고 했다. 그녀는 팔 올리는 것을 매우 고통스러워 했다. 그래서 나는 자상하게 그녀를 도왔으며 서로 노력하여 팔을 들어 올렸다. 이러한 노력을 하는 동안에 그녀는 고통에 겨워 울었으며 엄청나게 많은 양의 땀을 흘렸다. 시작이 어려웠지만 마침내 그녀는 팔을 자연스레 들어 올릴 수 있게 되었다. 모든 고통이 그녀의 팔과 손에서 떠났으며 그녀는 자유롭게 양손을 움직일 수 있었다.

무슨 일이 일어났는가? 나는 그녀를 속박하고 있었던 속박의 귀신을 내쫓았다. 귀신 축출을 통한 질병 치유는 관절염에 걸린 수백 명의 사람들에게서 나타났다. 현재 나의 사돈은 어느 누구에게든지 하나님의 권능을 간증하며 자신의 치유를 그 증거로 제시하고 있다. 아아, 하나님의 자녀들의 영광스런 자유여!(롬 8 : 21 참조)

신약성경에 나타난 귀신 축출의 유형들

귀신 축출 사역은 오순절 이후 초대교회에서 아주 두드러지게 행해졌다. 복음 전도자 빌립은 각종 이적을 행함으로 신뢰를 받았다.

"무리가 빌립의 말도 듣고 행하는 표적도 보고 일심으로 그의 말하는 것을 좇더라 많은 사람에게 붙었던 더러운 귀신들이 크게 소리를 지르며 나가고 또 많은 중풍병자와 앉은 뱅이가 나으니"(행 8 : 6,7).

귀신 들린 사람들의 삶에서 귀신 축출을 성취할 수 있는 방법이 이 한 가지밖에는 없는가? 아니다! 하나님은 전례(前例)가 없는 방식으로 사도 바울을 통하여 역사하셨다.

"하나님이 바울의 손으로 희한한 능을 행하게 하시니 심지어 사람들이 바울의 몸에서 손수건이나 앞치마를 가져다가 병든 사람에게 얹으면 그 병이 떠나고 악귀도 나가더라"(행 19 : 11, 12).

성경에는 이 외에도 귀신 축출에 대한 예(例)들이 있다. 그러나 우리는 오늘날에 초점을 맞추고자 한다. 귀신 축출 사역은 오늘날에도 영광스런 진실이다. 우리는 수많은 경이로운 귀신 축출들을 목격해 왔다. 사람들은 자살 귀신들과 중풍 귀신들과 관절염 귀신들과 암 귀신들과 광기 귀신들과 천식 귀신들과 비열한 귀신들과 성욕 귀신들과 종교 귀신들과 심지어 공포와 질투의 귀신들에게서 자유케 되었다.

귀신들은 큰 소리로 울부짖으며 나오곤 했는데, 이때 때때로 구토와 가래와 재채기와 몸부림을 동반했다. 귀신들은 귀신 들린 사람에게로 되돌아갈 것을 고집하거나 그 사람에게서 나오지 않으려고 하였다. 그러나 귀신들은 하나님께서 그 백성에게 주신 권세에 결국 복종했다. 귀신 축출의 모든 사례(事例)들을 분류할 수는 없다. **하지만 공통된 것이 있다면 그것은 귀신들 모두가 예수 그리스도의 이름으로 믿음의 명령을 할 때에 축출된다는 사실이다.**

사실상 당신은 그리스도께서 최후의 귀신 축출을 완성하시기 전까지 이 세대에서 영적 전쟁에 참여해야 한다. 아직 귀신 축출이 최종적으로 성취되지는 않았지만 우리의 승리는 확실하다.

정욕으로부터의 자유

가까운 친구인 시카고 대학의 러셀 메데 박사가 기도를 요청하려고 어떤 대학 졸업생을 내게로 데려왔을 때, 아주 성공적으로 귀신을 몰아내는 일이 일어났다.

이 젊은이는 엄청난 정욕에 매여 있었다. 그가 이야기한 비속한 이야기를 자세하게 얘기하지 않겠다. 그가 정욕의 귀신에게 속박되었다고 말하는 것만으로도 충분하다. 당연히 나는 그가 결혼했는지 물어 보았고 그는 결혼했다고 대답했다. 정욕의 귀신에게 얽매인 남편과 함께 산다는 것은 아내에게 매우 불쾌한 일임에 틀림없다. 그래서 나는 더 이상 질문하지 않았다. 나는 정욕의 귀신에게 예수의 이름으로 나오라고 명하였다. 그 즉시로 우리는 귀신들이 그의 목구멍을 통해 쫓겨 나오는 것을 보았다. 10분 후에 귀신이 다 쫓겨났다. 우리는 그의 표정에서 그가 자유케 되었다는 것을 알 수 있었다.

몇 달 후에 메데 박사를 만났을 때 그는 이 젊은이에 대해서 말해 주었다. 그의 아내는 메데 박사를 찾아와서 "제 남편을 어디로 데려가셨나요?"라고 물었다고 한다.

『토론토에요』라고 그는 대답했다.
『휘트 목사가 시무하는 교회로 데려갔습니다.』
"그러면 어떤 일을 행하셨나요?"
『우리는 그를 위하여 기도했습니다.』
"그렇군요."
그녀가 말했다.
"저는 그 곳에서 어떤 일이 있었는지 알지 못합니다. 하지만 저는 제 남편이 완전히 변화된 사유를 알고 싶답니다."
이 젊은이의 아내는 그 사유를 알고자 했다.

　많은 사람들이 정욕의 귀신에게 얽매어 있다. 고통을 일으키는 정욕의 귀신은 사람들을 야수처럼 만들고 정신적 고통으로 옭아매어 버린다. 그러나 이때가 하나님의 사랑이 임하는 때이다. 당신은 귀신에게서 벗어날 수 있다.

귀신 쫓아내기

만일 당신이 주 예수께서 "갇힌 자에게 놓임"(사 61:1)을 전파하기 위하여 기름 부음 받으셨다는 사실을 믿는다면, 예수님의 약속 위에 서 있으라.

　"저희가 내 이름으로 귀신을 쫓아내며"(막 16:17).

　따라서 "너희를 해할 자가 결단코 없으리라"(눅 10:19)는 말씀을 깨달아서 소심함과 반신 반의하는 마음을 제거하라.

우리는 귀신 축출 사역이 믿음을 필요로 한다는 것을 기억해야 한다. 몇몇 유대인들은 믿음 없이 예수의 이름을 빙자하여 시험적으로 귀신들을 쫓아내려고 하다가 비참한 결과를 체험했다(행 19:13~16 참조).

치유 사역을 시작하기 전에 주(主)의 보혈 안에서 믿음으로 당신 자신을 보호하고 보혈의 그늘 아래 항상 거하라. 온전한 복음의 갑주를 입고 전쟁에 참여하라. 귀신들에게 소리 지를 필요도 없다. 귀신들은 당신이 하는 말을 잘 듣고 당신에게 복종할 것이다. 전능하신 예수의 이름으로 일어나는 놀라운 귀신 축출의 역사를 목격한다면 당신의 신앙은 성장할 것이다.

제 2 부

귀신과 맞서야 한다

내가 너희에게 뱀과 전갈을 밟으며
원수의 모든 능력을 제어할
권세를 주었으니 너희를 해할 자가
결단코 없으리라(눅 10 : 19)

7

귀신과 귀신 쫓기

귀신이란 무엇인가?

"귀신"이라는 말은 헬라어 『다이몬』(daimon)에서 유래했으며 "악령"이라는 뜻이다. 『다이몬』은 또한 "그늘"이라는 어원에서 왔다. 모든 귀신들을 다스리는 최고의 통치자인 사단은 악령들을 보내어 사람들의 영을 어둠으로 덮어 버린다.

영들을 믿지 못하는 사람은 확실히 하나님을 믿기 어려울 것이다. 성경은 창세기에서부터 인격적인 영들이 실재한다고 가르친다. 태초에 하나님의 영은 "수면을 운행하셨다"(창 1:2). 하나님의 영은 생명 없는 인간에게 생기를 불어넣어 주셨다. 그리하여 "사람이 생령이 되었다"(창 2:7).

수많은 성경 구절들은 하나님의 영(또는 숨결)이 인격적인 존재라고 언급한다. 하나님의 영(성령)이 인격적인 존재이므로 다른 모든 영들 또한 인격적인 존재들이다.

귀신들은 사실 타락한 천사들이다. 모든 천사들 중에서 3분의 1 정도의 천사들이 예수 그리스도를 대적하는 사단의 최초의 반역에 가담했기 때문에 하늘 나라에서 추방당했다. 귀신들의 기원에 관한 성경의 기록들을 보자.

"하늘에 또다른 이적이 보이니 보라 한 큰 붉은 용이 있어 머리가 일곱이요 뿔이 열이라 그 여러 머리에 일곱 면류관이 있는데 그 꼬리가 하늘 별 삼분의 일을 끌어다가 땅에 던지더라"(계 12:3,4).

"하늘에 전쟁이 있으니 미가엘과 그의 사자(使者)들이 용으로 더불어 싸울새 용과 그의 사자들도 싸우나 이기지 못하여 다시 하늘에서 저희의 있을 곳을 얻지 못한지라 큰 용이 내어 쫓기니 옛 뱀 곧 마귀라고도 하고 사단이라고도 하는 온 천하를 꾀는 자라 땅으로 내어 쫓기니 그의 사자들도 저와 함께 내어 쫓기니라"(계 12:7~9).

이 반역한 천사들은 육신이 없는 영들로서 땅으로 추방되었다. 우리가 이러한 사실을 믿든지 말든지 간에 귀신들은 여전히 이 세상에 존재하고 있다.

일부 자유주의 신학자들은 귀신들의 실체를 「적응설」로 대강 처리해 버렸다. 즉, 당시의 일반 백성들이 질병을 일으키는 귀신들을 믿는 미신적인 신앙을 지니고 있었으므로 예수께서 그들의 미신에 "적응하셨다"는 것이다. 예수께서는 일반 백성들의 무지함을 깨뜨리고 싶어하지 않으셨기 때문에 "그들의 미신에 적응하셨으며" 실제로 존재하지 않는 귀신들을 축출하셨다는 것이다. 그러나 성경을 하나님의 말씀으로 믿는 사람들은 어느 누구라도 이 이론을 받아들일 수 없다.

사단이 귀신들의 무리를 통하여 인류에게 재앙을 주고 있다는 사실에 대해서 일부 복음주의 신학자들이 이해하지 못하고 있는 실정일지라도, 일반적으로 대부분의 복음주의 신학자들은 사단에 관한 성경의 진술을 받아들인다. 사단은 자신의 부하들이 필요하다는 사실을 절감하고 있다. 왜냐하면 사단은 하나님의 영처럼 무소부재할 수 없기 때문이다. 그러나 현재 사단은 아무런 부족함 없이 자신의 동조자들을 거느리고 있다. 따라서 이 세상에 충만해 있는 악하고 타락한 영들은 셀 수 없을 정도로 많다. 이 악령들은 파리 떼처럼 떼지어 날아다닌다. 흔히 사단을 지칭하는 『바알세불』(Beelzebub)이라는 말은 기실 "파리의 주(主)"라는 뜻이다.

성령을 통해 하나님께로부터 오는 복들과, 불결한 영들을 통해 사단에게서 오는 재앙들을 보라. 귀신들을 인식하지 못하는 것은 인류가 겪는 고통들에 관한 근본 원인을 꿰뚫어 보지 못하기 때문이다.

인간은 처음에 어떻게 귀신의 영향을 받는가?

귀신의 영향은 다양한 방식으로 나타난다. 사람들이 귀신들과 더불어 출생하는 경우도 비일 비재하다. 세월이 흐름에 따라 나는 몇 가지 사건들과 성령을 통하여 유아가 악령이 들린 상태로 태어날 수 있다고 확신하게 되었다. 기실 처음에는 이러한 생각이 터무니없고 혐오스럽게 느껴졌다.

그러나 주님은 죄의 보응을 "아비로부터 아들에게로 삼사 대까지 이르게"(출 20:5) 하시는 질투의 하나님이라는 성경의 증거가 아주 강력하게 나에게 다가왔다. 따라서 나는 이 문제를 더욱 면밀하게 고찰하기 시작했다.

나는 무척 성깔이 있어 어머니를 자주 피곤케 하는 수많은 유아들을 발견했다. 우리가 그들을 위하여 기도했을 때에야 비로소 그들은 귀신들의 속박에서 벗어났다. 유아들과 어린아이들은 귀신 축출을 행하는 동안에 주목할 만한 반응을 거의 나타내지 않는다. 이는 아마도 귀신들이 이들의 인격 깊숙이 침투하지 않았기 때문일 것이다. 그러므로 이들에게 들린 귀신들은 주님의 이름으로 명하는 권세 있는 명령에 쉽게 굴복한다.

또한 귀신들은 유아기를 벗어난 아이들에게도 들어온다. 수많은 성년층의 사람들은 어린 시절의 아주 무서운 체험이 귀신이 들어오는 기회가 되었다고 증언했다. 귀신들은 어린이들에게 처음 들어온 다음에는 쉽사리 떠나지 않는데, 어떤 사람의 경우 50년이 지나서야 어릴 때 들어온 귀신을 쫓아냈다고 한다.

이 기간 동안에 귀신들은 어린이들 속으로 더욱더 집요하게 파고들어가며 공포와 고통과 관절염과 위장 질환 등 다른 증상들을 일으킨다. **어린 시절에 있을 수 있는 귀신의 이러한 공격을 예방하기 위하여 그리스도인 부모들은 매일 밤 자녀들을 위하여 하나님의 보호를 간구해야 하며 자녀들이 그리스도의 피로 보호받을 수 있도록 하나님께 요청해야 한다.**

어떤 사람이 지나친 음주와 불법적인 약물 복용 때문에 마귀로 틈을 타게 한다면 그 사람의 마음의 문은 악령이 들어오도록 활짝 열릴 것이 확실하다.

"재미로 보는" 토정비결, 카드 점치기, 미래 예언, 점성판 판독, 요가, 최면술, 강신술 집회 등에 발을 들여놓는 사람은 귀신에게 억압당하기 십상이다. "억압"은 귀신에게 "사로잡힘"으로 이어지며 그 종착역은 완전한 귀신 "들림"과 사망이다. 따라서 귀신을 쫓아내려는 사람들은 가정에서 모든 우상들과 비술에 관한 책들을 제거해야 한다.

에베소는 수많은 우상 숭배자들로 가득 차 있던 도시였는데, 에베소 사람들은 사도 바울의 가르침과 하나님께서 바울을 통하여 역사하신 특별한 이적들을 통하여 기독교로 개종했다. 그러면 이 새로운 신자들은 예전의 생활 방식을 어떻게 청산했는가?

> "믿은 사람들이 많이 와서 자복하여 행한 일을 고하며 또 마술을 행하던 많은 사람이 그 책을 모아 가지고 와서 모든 사람 앞에서 불사르니"(행 19 : 18, 19).

일부 그리스도인들은 다시 범죄함으로 귀신의 공격을 쉽게 받게 된다. 그리스도인이 다시 범죄하거나 그리스도를 향한 신실함이 시들해진다면, 사단은 그릇된 길로 유혹할 것이다. 그리스도인이 범죄한다면 귀신은 쉽게 들어와서 무방비 상태인 그를 다스릴 것이다. 귀신들은 그가 범죄하자마자 들어오지는 않는다. 하나님은 자비로우시기 때문이다. 그러나 계속해서 범죄에 탐닉하고 죄 사함을 구하지 않는다면, 그는 다양한 방식으로 귀신에게 억압당할 것이다.

내가 행했던 사역 가운데 이에 대한 한 가지 전형적인 사례가 있는데, 그것은 자살 귀신들에게서 벗어났던 사람의 경우이다. 내가 명령을 하자 자살 귀신들은 큰 소리로 울부짖으며 그 사람에게서 나왔다. 그 후에 이 사람은 다시 범죄했으며 동성연애자가 되었다. 그는 자신의 죄에 대해서 참회하고 눈물을 흘리며 주님께로 돌아왔다. 그러나 그는 그 당시에 자살 귀신들 뿐만 아니라 다른 일곱 귀신들에게 사로잡혀 있었다(마 12 : 45 참조).

다시 한번 그는 완전하게 귀신에게서 벗어났다. 귀신들은 우리가 묻지 않았는데도 자신들의 이름을 밝혔다. 귀신 쪽에서 정보를 누설한 것이었다. 나중에 이 형제는 그를 통해 말하는 귀신들의 목소리를 중지시킬 능력이 없었다고 나에게 말했다. 그러나 그때 귀신이 그에게서 영원히 나가게 되었다. 이러한 사실은 모든 그리스도인들에게 다시 범죄치 말라는 아주 중요한 교훈이 될 것이다.

어떻게 자신이 귀신 들린 때를 알 수 있는가?

이따금 자신의 본성과 반대되고 자신의 인격과 동떨어진 방식으로 행하려는 강박 충동에 시달리는 사람은 이것을 귀신의 활동으로 간주해야 한다.

하나님께서 성령을 통하여 인간을 만나시는데 반하여 사단은 자신의 수하들인 귀신들을 보내어 인간을 만난다. 사람들은 이러한 귀신의 방문으로 발생한 결과를 거의 믿지 않고 있다. 그러나 귀신의 공격 대상이 된 사람은 "평소의 그라면 행할 수 없는" 행위를 드러낸다. 그리고 실제로 귀신의 특성이 그 사람을 통해서 나타난다.

이러한 사람은 조만간 자신의 개성과는 전적으로 다른 이상한 행동을 때때로 할 것이다. 이러한 질환에 대한 또다른 명칭은 "이중 인격", 즉 정신 분열이다. 귀신의 방해로 정신 분열이 일어날 수 있다는 것을 알았을 때 나는 정말 놀라움을 금치 못했다.

질병 귀신들은 인간의 육체를 연약하게 하거나 질병을 앓게 한다. 정욕의 귀신들은 사람들을 자극하여 간음과 동성애 또는 이와 유사한 탈선 행위를 저지르게 한다.

우리가 귀신들의 목적을 위하여 우리 육체를 사용하게 할 경우 결국 귀신들만 좋다는 사실을 알게 되면 오싹할 것이다. 주님 앞에서 우리의 육체를 성별(聖別)해야 한다는 책임에 관해서 성경은 어떻게 말하고 있는가?

"너희 몸은 너희가 하나님께로부터 받은 바 너희 가운데 계신 성령의 전(殿)인 줄을 알지 못하느냐 너희는 너희의 것이 아니라 값으로 산 것이 되었으니 그런즉 너희 몸으로 하나님께 영광을 돌리라"(고전 6:19,20).

"하나님의 뜻은 이것이니 너희의 거룩함이라 곧 음란을 버리고 각각 거룩함과 존귀함으로 자기의 아내 취할 줄을 알고"(살전 4:3,4).

만일 우리가 강박 행위나 귀신의 억압 때문에 고통당한다면, 우리는 죄를 고백하고 귀신을 쫓아내는 일에 순종해야 한다. 예수님은 사단의 속박을 파하시고 포로 된 자를 자유케 하려고 이 세상에 오셨다. 우리는 예수 이름의 권세 안에서 귀신의 세력을 정복하는 권능을 체험할 수 있다.

귀신 축출이란 무엇인가?

귀신 축출은 예수 이름으로 권세 있는 명령을 하여 귀신들을 추방하는 실제적인 행위이다. 만일 당신이 귀신 들려 있거나 귀신 들렸다고 생각한다면 귀신 축출 사역에 순종해야 한다고 나는 강력하게 권고하는 바이다. 예수 그리스도가 당신의 주님이심을 고백하고 당신에게 있는 귀신을 제거하기 원한다고 고백한 다음에 하나님의 사람에게 귀신을 추방해 달라고 요청하라.

일반적으로 귀신 축출 사역은 예수의 이름으로 영과 혼과 육체에 있는 질병을 제거하는, 강력한 명령 기도로 행해진다. 인간은 구분될 수 없는 삼위일체적 존재로서 육체와 혼과 영으로 구성되어 있다. 만일 이 세 가지 영역 중에서 한 영역이 공격받는다면, 인간은 흔히 세 가지 영역 모두에서 공격에 대한 반응을 느낀다.

과거에 교회는 질병에 걸린 사람들을 위하여 독생자 예수님을 통하여 하나님께 치유와 회복과 귀신 축출을 구하는 간구 기도만을 했다. 그리고 이러한 간구 기도로 교회는 놀라운 기도의 응답을 많이 받았다. 그러나 기도를 받았어도 많은 사람들이 귀신에게서 놓임 받지 못했다.

예수님은 제자들에게 귀신들을 축출하라고 지시하셨는가? 귀신들에게 억압받고 있는 사람들을 위하여 어떤 사람들이 이 사역을 행하도록 부르심 받았는지 살펴보라.

"예수께서 이 열둘을 내어 보내시며 명하여 가라사대 … 병든 자를 고치며 죽은 자를 살리며 문둥이를 깨끗하게 하며 귀신을 쫓아내되 너희가 거저 받았으니 거저 주어라"(마 10:5,8).

예수님은 열두 제자들에게 병든 자를 치유하고 귀신들을 축출하라고 명하셨지 않은가?
이와 유사하게 사도 야고보는 병든 자를 "위해서"(for)가 아니라 병든 자의 질병을 "제압하는"(over) 기도를 하라고 교회 장로들에게 지시했다.

"너희 중에 병든 자가 있느냐 저는 교회의 장로들을 청할 것이요 그들은 주의 이름으로 기름을 바르며 '위하여' (over) 기도할지니라 믿음의 기도는 병든 자를 구원하리니 주께서 저를 일으키시리라"(약 5:14,15).

여기에서 "위하여"(제압하여, over)라는 말은 기도하는 사람이 질병을 다스리고 그리스도의 권세로 질병을 떠나라고 명령한다는 사실을 시사한다. 우리는 귀신을 다룰 때에 이와 똑같은 명령을 할 수 있다. 귀신 축출 사역이 행해질 때 이에 수반되는 결과들은 흔히 깜짝 놀랄 만한 것이다.

누구든지 올바로 귀신들을 축출할 수 있는가?

아니다. 귀신 축출은 호기심을 끌기 위한 장난이 아니다. **당신이 합당한 자격을 갖추고 있지 않다면 귀신들과 싸우는 것은 매우 위험한 일이 될 것이다.**

그렇다면 합당한 자격이란 무엇인가? 그것은 기본적으로 예수 그리스도를 자신의 구주로 믿고 주님의 능력을 신뢰하는 것이다. 예수님은 "믿는 자들에게는 이런 표적이 따르리니 곧 저희가 내 이름으로 귀신을 쫓아내며 …"(막 16:17)라고 말씀하셨다.

그리스도 없이 귀신들을 축출할 수 있는 사람은 한 사람도 없다. 그러므로 예수 그리스도께서 당신 안에 거하셔야 한다는 사실을 확신하라. 그리스도께서 당신 안에 거하신다면 당신은 그리스도의 이름과 능력을 통하여 귀신들을 넉넉히 이기게 된다(롬 8:37 참조).

나는 "귀신을 물리치는 사람"(exorcist)라는 용어가 기독교권 밖에서 사용되고 있다는 것을 잘 알고 있다. 주술사들이 사람들에게서 귀신들을 몰아내려고 종종 시도하고 있다. 그러나 이것을 기독교의 귀신 축출과 혼동해서는 안 된다. 주술사들이 귀신 축출을 행한다고 제아무리 주장할지라도 그들은 귀신들을 축출할 수 없다.

"사단이 어찌 사단을 쫓아낼 수 있느냐 또 만일 나라가 스스로 분쟁하면 그 나라가 설 수 없고 만일 집이 스스로 분쟁하면 그 집이 설 수 없고 만일 사단이 자기를 거스려 일어나 분쟁하면 설 수 없고 이에 망하느니라"(막 3:23~26).

몇몇 무당들이 귀신들을 축출하는 능력이 있다고 주장하고 있다. 그러나 그것은 불가능하다. 때때로 그들은 귀신들에게 일시적으로 잠복해 있으라고 설득한다. 무당에게 "귀신 축출을 받은" 사람은 자신이 자유케 되었다고 생각한다. 그러나 조만간 귀신은 다시 나타나며 대부분 예전보다 더 심한 상태가 된다. 예수 그리스도의 권능 외에는 그 어떠한 능력도 귀신들을 축출할 수 없다.

그리스도를 알지 못하는 사람이 귀신들을 축출하려고 하면 어떤 일이 일어나는가? 성경은 이러한 경우가 실제로 발생했던 사건을 기록하고 있다.

"이에 돌아다니며 마술하는 어떤 유대인들이 시험적으로 악귀 들린 자들에게 대하여 주 예수의 이름을 불러 말하되 내가 바울의 전파하는 예수를 빙자하여 너희를 명하노라 하더라 유대의 한 제사장 스게와의 일곱 아들도 이 일을 행하더니 악귀가 대답하여 가로되 예수도 내가 알고 바울도 내가 알거니와 너희는 누구냐 하며"(행 19:13~15).

이 유대인 무당들은 예수를 믿지 않았다. 그러나 그들은 바울이 예수의 이름으로 귀신들을 성공적으로 축출하는 것을 보았다. 그래서 그들은 자기들도 그러한 방식으로 귀신들을 축출할 수 있다고 생각했다. 무슨 일이 일어났는가?

"악귀 들린 사람이 그 두 사람에게 뛰어올라 억제하여 이기니 저희가 상하여 벗은 몸으로 그 집에서 도망하는지라"(행 19:16).

이러한 사태는 당신이 귀신 축출을 행하는 경우에도 빚어질 수 있다. 그러나 예수 그리스도를 알고 있다면 당신은 전혀 두려워할 필요가 없다. 그러므로 당신에게 부여된 권세를 사용하라! 그리고 예수의 이름으로 귀신들을 축출하라!

8

귀신과 그리스도인

그리스도인도 귀신에게 사로잡힐 수 있는가?

이 질문이 수도 없이 제기되는 것은 유감스러운 일이다. 이 질문은 거듭난 그리스도인이 귀신에게 시달리거나 공격받을 수도 있다는 생각을 전적으로 부인하는 사람들이 경멸적인 어투로 던지는 질문이다.

이 문제는 "사로잡히다"(possessed)라는 용어 사용에서 맴돌고 있을 뿐이다. "사로잡히다"란 고통당하는 자를 귀신이 꼼짝달싹 못하게 완전히 차지해 버린다는 뜻이다.

나는 거듭난 그리스도인이 귀신에게 사로잡힐 수 있다고는 믿지 않는다. 만일 그리스도인들이 "사로잡히다"라는 이 혼란을 불러일으키는 말 대신, 귀신이 일으키는 문제들을 "억압"과 "괴로움"과 "속박"이라는 용어로 표현한다면, 용어상의 의미 문제로 발생하는 상당한 혼란을 피할 수 있을 것이다.

이 문제는 그리스도인이 완전히 성령에 사로잡힐 수 있을지를 고려함으로써 더욱 확실하게 밝혀질 것이다. 이론적인 관점에서 볼 때 우리는 다음 성경 구절에 근거하여 성급하게 "그렇다"라고 대답할 것이다.

"너희 몸은 너희가 하나님께로부터 받은 바 너희 가운데 계신 성령의 전인 줄을 알지 못하느냐 너희는 너희의 것이 아니라 값으로 산 것이 되었으니"(고전 6 : 19, 20).

확실히 우리는 성령의 것이다. 하지만 우리가 의식적으로 성령께 복종할 때에라야 성령께서 우리를 실제로 소유하실 수 있다.

어떤 그리스도인이 완전히 성령의 소유가 되었다는 것은 그의 인격과 모든 말과 행실이 성령의 다스림을 받는다는 뜻이다. 그러나 우리는 성령의 완전한 다스림을 받지 못하는 것을 체험을 통해서 알고 있지 않은가! 우리의 삶에는 성령의 다스림 외에도 수많은 다른 요인들이 개입되어 있다. 우리의 의지는, 기록된 하나님의 말씀과 정반대되는 어떤 행위를 하게 이끌기도 한다.

우리는 그리스도인을 하나님의 손아귀에 있는 꼭두각시로 간주해서는 안 된다. 그러나 하나님께 복종할 수 없게 된다면 어떠한가? 바로 그렇기 때문에 성령께서 우리를 소유하셔야 하는가?

성령께서는 우리 안에 거하신다. 그러나 우리는 불순종하는 순간에 성령께 합당한 자리를 드리지 않는 것이다.

이와 마찬가지로, 귀신은 다양한 수단으로 그리스도인을 곤란에 처하게 하거나 공격한다. 그러나 우리는 이러한 순간에 처한 그리스도인이 "귀신에 사로잡혔다"고 보지 않는다.

그리스도인이 귀신에 사로잡힐 수 없다면 그리스도인이 귀신 "들릴" 수 있다는 말에는 또다른 의미가 있는가?

확실히 그렇다. 그러나 먼저, "들리다"(have)라는 말을 고려해 보자. 집에 방문객(특히 달갑지 않는 손님)을 "맞아들일" 경우에 "맞아들이다"라는 말은 무슨 뜻인가? 우리 집에 쥐 한 마리가 "들어와 있다"거나 의복에 벼룩이 "들어와 있다"고 할 때 여기에서 "들어와 있다"는 말은 무슨 뜻인가?

우리는 불청객이나 쥐나 벼룩에게 "사로잡혀" 있는 것이 아니라 그것들을 귀찮게 여기는 것이다. 우리는 그것들 때문에 짜증이 날 것이며 형편이 닿는 대로 그것들을 집이나 의복에서 제거하려고 할 것이다.

이와 마찬가지로 그리스도인들은 달갑지 않는 불청객들인 귀신들의 방문을 받는다. 예를 들어 예수님의 제자들 중 한 명을 거론해 보자. 베드로는 예수께서 죽임 당하셔야 한다는 사실을 이

해할 수 없었기 때문에 선한 의도에서 하나님의 아들을 견책했다. 그때에 예수님은 광야에서 사단에게 응답하셨던 것과 똑같이 강하게 베드로에게 응답하셨다.
"사단아 내 뒤로 물러가라"(막 8 : 33).

　베드로의 의도는 좋았다. 그는 진실했다. 그러나 겟세마네에서 예수님을 구하려고 행동했던 그 순간에 그는 사단의 도구가 되었다. 그때에 베드로는 "귀신에게 사로잡혔는가?" 확실히 그렇지 않다. 그러나 그는 무지하였기 때문에 귀신에게 틈을 타게 했으며, 귀신은 그의 생각과 목소리를 이용했다.
　어떤 사람들은 예수께서 그분을 견책하는 베드로를 사랑하지 않으셨다고 느낄 것이다. 그러나 예수님이 베드로에게 말씀하셨을 때 그분 말씀의 근본 동기는 아주 명백했다.

　　　"사단이 밀 까부르듯 하려고 너희를 청구하였으나 그러나
　　　내가 너를 위하여 네 믿음이 떨어지지 않기를 기도하였노
　　　니"(눅 22 : 31, 32).

　사단은 베드로를 "청구하려고" 애썼으며 베드로가 틈을 보이자 그에게로 "들어갔다." 이렇듯 우리가 우리의 생각이나 삶에서 사단을 받아들인다면 사단이 "들어오게" 된다. 따라서 오직 우리가 예수 이름으로 사단을 쫓아낼 때에라야만 우리는 사단과 사단이 지닌 가공할 능력을 제어할 수 있다.

예수님은 사단이 오랜 옛날에 욥에게 행했던 것과 똑같은 방법으로 베드로를 흔들고 있다는 것을 아셨다. 사단이 그렇게 날뛴 결과 사도 베드로는 어린 계집종 앞에서 자신의 주님을 공개적으로 부인하고야 말았다. 그리스도를 믿는 사람임에도 불구하고 베드로는 그리스도를 저주하고 거짓말했다. 어찌하여 베드로는 어린 계집종의 추궁에 쫓기어 사단에게 굴복했는가? 사단이 베드로를 공격했고, 베드로가 자신의 생각과 말 가운데 사단에게 틈을 타게 했기 때문이다.

오순절 이후에 베드로는 변화되었다. 그는 비통의 눈물을 흘리며 회개했고, 귀신을 대적해야 한다는 것을 깨달았다. 그는 성령 충만을 받았다.

도대체 사단이 우리 중에 일부 그리스도인들을 쥐고 흔들려고 할 수 있는가? 어찌하여 일부 그리스도인들은 때때로 하나님을 저주하려고 하거나 이유 없이 파괴하려고 하거나, 심지어 살인하려고 하거나 간음하려고 하는 강박 관념을 느끼는가? 법정에 선 피고들 중에 수많은 사람들은 판사에게 이렇게 말한다.
"내가 왜 그렇게 했는지 모르겠습니다. 무언가가 나에게 그렇게 행하도록 한 것 같습니다."
여기에서 "무언가"는 누구인가?

사도 바울은 고린도 교회에게 "이는 우리로 사단에게 속지 않게 하려 함이라"(고후 2:11)고 경고한다. 그런데 고린도 교회는 성령 충만함을 받은 신자들로 구성되어 있었다.

그리고 사도 바울은 고린도 교회에게 그들이 "다른 영"(고후 11 : 4)을 받을 가능성이 있다는 사실을 경고했다. 성령 충만을 받은 그리스도인들이 사단의 영을 받을 수 있다는 것은 확실하다. 물론 그리스도인들이 일부러 귀신에게 틈을 타게 했을 경우에 이런 일이 일어날 것이다.

바울은 다음과 같이 말했다.

> "뱀이 그 간계로 이와를 미혹케 한 것같이 너희 마음이 그리스도를 향하는 진실함과 깨끗함에서 떠나 부패할까 두려워하노라"(고후 11 : 3).

오직 귀신의 침입이 있을 때라야, 성령 충만을 받은 그리스도인의 마음이 부패할 수 있다. 부패의 왕 바알세불에게서 나온 부패함이 마음 속에 심어지는 것이다. 그리스도인의 "마음의 부패"는 아주 심각한 문제이다. 사단에게서 이러한 종류의 공격을 받고 있는 그리스도인은 자신이 "귀신 들릴 수 없는 존재"라고 말해도 아무런 소용이 없다. 그에게는 귀신 축출의 도움과 기도가 필요하다.

마음의 부패보다도 더 악화된 상태는 원수(사단)에게 삼킴 당하는 것이다. 자신이 사단에게 이용당한 존재였음을 체험으로 깨달은 베드로는 초대교회 신자들에게 다음과 같이 권면했다.

"근신하라 깨어라 너희 대적 마귀가 우는 사자같이 두루 다니며 삼킬 자를 찾나니"(벧전 5:8).

베드로는 불신자들에게 경고하지 않았다. 그는 모든 그리스도인들에게 권면하였다. 사단은 성령 충만 받은 그리스도인들을 삼키려고 찾아다니고 있다. 가령 사단이 어떤 그리스도인을 잡아서 그를 "삼키고" 파괴시킨다면 우리는 이를 무엇이라고 말할 수 있겠는가? "한 번 구원받았으면 그 상태가 언제나 지속된다"는 신학적 강령을 주장하겠는가? 아니면 사단이 그를 잡아 산 채로 "삼켰다"고 이해하겠는가? 이것이 귀신 들린 그리스도인만의 문제이겠는가?

사도 바울은 "후일에 어떤 사람들이 믿음에서 떠나 미혹케 하는 영과 귀신의 가르침을 좇으리라"(딤전 4:1)고 경고한다. 성경은 귀신이 그리스도인을 미혹할 수 있다고 지적한다.

만일 어떤 남자가 다른 남자의 아내를 유혹하여, 한때 신실했던 부부 관계가 깨진다면, 그는 간음케 하는 귀신에게 복종하고 있는 것이다. 이와 마찬가지로 사단은 매력적인 모습으로 와서 그리스도인을 미혹하여 귀신들과 영적인 간음을 하게 한다.

육체의 본성과 욕구를 다스리지 않는다면, 사단은 그 욕정에 굴복하도록 우리를 시험할 것이다. 우리는 상황을 다스리지 사단을 다스리는 존재들이 아니다. 사단은 세상과 육(肉)과 귀신들에게서 스스로 흠 없이 지키는 자를 이길 능력이 없다(요일 5 : 18 참조).

때때로 그리스도인들은 간질병과 같이 무서운 육체적인 질환을 일으키는 귀신과 만난다. 지각 있는 사람이라면 결코 간질병을 하나님이 주셨다고 생각하거나 심지어 하나님께서 그 자녀들 중에 몇몇 사람들을 끔찍한 질병에 시달리도록 작정하신다고 생각하지 않는다. 그러나 질병에 걸린 사람이 귀신에게 사로잡혔다고 암시함으로써 고통을 가중시키지는 말아야 한다. 그런 태도는 치유에 전혀 도움이 되지 않을 것이다.

성경에 따르면 이 더러운 질병들은 사단에게서 유래한다. 우리는 마음과 육체의 모든 질환을 대적하는 믿음의 싸움 속에서 사단의 영향력을 인식해야만 한다. 고통당하는 사람이 간질 발작이나 다른 이상한 행동 양태를 드러낼 때에, 우리는 귀신이 그 사람 육체의 일부분을 다스리고 있음을 깨닫고 예수의 이름으로 행하는 귀신 축출 기도로 귀신을 제거해야 한다.

우리의 초기 사역에서 귀신 축출받은 사람들 중에 한 여성이 있었는데, 그녀는 야행성 간질병에 시달리고 있었다. 이 그리스도인 여성은 어린 시절부터 주님께 헌신해 왔다. 따라서 그녀는 귀신에게 사로잡히지 않은 것이 확실했다. 믿음의 명령 기도를 받은 이후에 그녀를 괴롭히던 귀신은 떠나갔으며 그녀는 영원히 치유되었다.

그렇다. 그리스도인도 귀신 "들릴" 수 있다. 그러나 하나님께 귀신 들린 사실을 고백하고 그리스도 안에서 자유를 구한다면 그는 자유케 될 것이다.

성경 어디에 그리스도인이 귀신 들릴 수 있다고 기록되어 있는가?

흔히 이런 질문을 제기하는 사람들은 우리가 그들에게 우리의 신념을 입증할 수 있는 성경의 장과 절을 명확하게 제시할 것을 요구한다. 그러나 "그리스도인이 귀신 들릴 수 있다"고 명백하게 말하고 있는 성경 구절은 없다. 또한 "마리화나를 피우지 말며 코카인을 취하지 말라!"고 말하는 성경 구절도 발견할 수 없을 것이다.

하지만 사실상 성경에 나타나 있는 그리스도인들은 "귀신 들렸을" 뿐만 아니라 귀신들을 축출하였다. 성경은 18년 동안 귀신 들려 앓으며 귀신 축출을 받아야만 했던 한 여인의 이야기를 기록하고 있다.

"십팔 년 동안을 귀신 들려 앓으며 꼬부라져 조금도 펴지 못하는 한 여자가 있더라 예수께서 보시고 불러 이르시되 여자여 네가 네 병에서 놓였다 하시고 안수하시매 여자가 곧 펴고 하나님께 영광을 돌리는지라"(눅 13:11~13).

예수님은 이 여인을 "아브라함의 딸"이라고 부르셨다(16절).

즉, 그녀가 진정한 신자라는 것이었다. 그녀는 아브라함이 지녔던 신앙으로 살아 왔다. 성경은 그녀가 어떤 죄를 지었는지 암시하지 않는다. 그러나 그녀는 신도였음에도 불구하고 18년 동안이나 귀신 들려 질병에 시달렸다.

성령 충만을 받은 그리스 정교회의 한 사제는 모든 새로운 개종자들이 자신의 교회에서 세례받기 전에 귀신 축출을 체험한다고 나에게 말하였다. 그의 말은 초대교회 교부들인 저스틴 마터 (Justin Martyr)와 폴리갑(Polycarp)과 클레멘트(Clement)와 이레니우스(Iranaeus)가 그들의 저서에서 밝혔던 것과 일맥상통한다. 모든 새로운 개종자들은 요청 여부에 관계 없이 자동적으로 귀신 축출을 받았다. 이 교회 지도자들은 새로운 개종자들에게 세례를 베풀기 전에 그들에게 있는 영적인 오염과 불결함을 제거했던 것이다.

귀신 축출받으려고 우리 집회에 오는 모든 사람들은 그리스도를 주님으로 고백한 그리스도인들이다. 그들 중에서 대다수의 사람들은 이미 성령 세례를 받았다. 그들이 방언으로 하나님을 찬양할지라도 귀신의 속박이 여전히 그들의 신앙 생활을 저해하고 있었던 것이다. 기실 나는 이 속박받는 사람들이 성령 세례를 받았기 때문에 그들 속에 있던 귀신들이 마침내 폭로될 수밖에 없다고 믿는다. 다시 말해서 성령의 임재는 그 사람들 속에 숨어 있는 다른 영들을 자극한다. 귀신들은 예수 이름으로 다루어지거나 축출될 수 있는 곳에서, 하나님의 영으로 말미암아 겉으로 드러날 수밖에 없다.

어떻게 한 사람에게서 귀신과 성령이 동시에 거할 수 있는가?

이 질문은 "예수님이 들어오실 때 사단은 나간다"는 가정에 근거한다. 거룩함을 강조하는 어떤 교회들은 "두번째 은혜의 역사" 또는 "성화"(聖化)를 가르치는데, 이러한 말들은 신자 속에 있는 모든 죄의 흔적을 도말함을 뜻한다.

그러나 실제 체험은 이러한 극단적인 교리와 상반된다. 그러므로 우리는 종종 그리스도인들이 그들 안에 임재하고 계시는 그리스도와 끊임없이 동행하는 삶을 영위하지 않는다고 결론 내릴 수밖에 없다. 그렇다고 해서 그리스도인들이 제멋대로 행동하는 것이 전적으로 귀신 때문이라고는 할 수 없다. 그러나 많은 그리스도인들이 귀신에게 꽉 붙들려 있으며 귀신 축출을 받아야만 한다.

이러한 사람들이 신자가 아니라고 말하는 것은 어리석은 일이다. 얼마나 많은 그리스도인들이 죄악된 습관에 속박되어 있는가? 얼마나 많은 그리스도인들이 격정과 질투를 드러내는가? 아마도 이 사람들이 그리스도인이 아니라고 말하는 것이 속 편한 해결책일 것이다. 신자도 귀신들에게 시달릴 수 있다는 것을 인정하느니 말이다.

명망 있는 토론토의 한 목회자는 그리스도인은 수많은 방이 있는 호텔과 같다고 말했다. 이 수많은 방들 중에 몇 개의 방들만이 성령께 내어 준 바 되어 있고 대부분의 다른 방들은 귀신들로 가득 차 있다. 예수님은 초대받은 방에만 오신다.

어떤 사람들은 오랜 세월이 흐른 후에야 자신들의 삶이 그릇되었음을 깨닫는다. 그들은 엄청난 심적 혼란을 겪은 후에야 마지 못해서 도움을 구한다. 비록 성령께서 그들의 삶에 있는 방들이 여전히 하나님으로 충만하지 않다고 깨닫게 하는 데 몇 달이 걸릴지라도, 믿음의 기도를 하면 즉각적으로 귀신이 쫓겨난다.
이러한 사실을 깨달음으로써 그들은 예수께서 그들의 모든 방에 들어오시기를 요청한다. 그러나 우선 사단이 축출되어야 한다. 사단이 축출되려면 이것을 그들이 간절히 바래야 한다. 축복을 상실하고 속박된 상태로 있지 않으려면 이론적인 신학을 경계해야 한다.

아나니아와 삽비라의 사례(事例)는 흥미롭다. 몇몇 학자들은 아나니아와 삽비라가 예루살렘의 사도 교회 교인들이었는지에 대해서 논쟁하고 있다. 이 부부는 1세기 교회에서 행해진 위대한 이적들과 치유를 목격했다. 그러나 성경은 귀신의 영향으로 이들이 부정직하게 헌금을 바쳤다고 기록하고 있다.

"아나니아라 하는 사람이 그 아내 삽비라로 더불어 소유를 팔아 그 값에서 얼마를 감추매 그 아내도 알더라 얼마를 가져다가 사도들의 발 앞에 두니 베드로가 가로되 아나니아야 어찌하여 사단이 네 마음에 가득하여 네가 성령을 속이고 땅 값 얼마를 감추었느냐"(행 5:1~3).

심지어 그들이 성령 충만을 받은 그리스도인들이었다고 할지라도, 그 사실이 사단이 그들의 마음 속을 채우는 것을 막지 못했다. 부정적인 것이 긍정적인 것을 몰아내었다. 즉, 사악한 것이 거룩한 것을 몰아내었다. 그리고 결국 그들은 죽었다.

우리는 마약을 사용하여 환각 "상태"에 빠졌던 많은 젊은이들이 예수님을 구주로 영접하고 성령 세례를 받은 후에도 여전히 고통받고 정신적인 속박에 얽매어 있는 것을 실제로 보았다. 이 고통받는 젊은이들은 우리에게로 와서 이러한 속박에서 벗어나게 해 달라고 요청했다. 우리가 고통을 일으키는 귀신들을 꾸짖자마자 귀신들은 명령에 굴복하여 쫓겨났다.

오늘날 교회들에는 귀신 축출을 받아야 하는 수많은 신자들이 있다. 그러나 교회는 귀신 축출을 행하지 않는 실정이다. 이 세대에서 하나님은 억압받는 자들을 자유케 하려고 귀신 축출 사역을 회복하고 계신다.

그리스도인들이 귀신 들릴 수 있다면, 성령의 은사가 나타날 때 그 은사가 참되다는 것을 어떻게 확신할 수 있는가?

이 질문은 특히 방언의 은사와 관련하여 흔히 제기된다. 어떤 그리스도인이 성령 세례를 간구하고 그 후에 방언을 한다고 생각해 보라. 이것이 진정한 성령의 역사임을 어떻게 알겠는가? 이것은 귀신의 활동으로도 일어날 수도 있지 않은가?

우리는 성령에 대해서 언급하신 예수님의 말씀을 기억해야 한다.

"너희 중에 아비 된 자 누가 아들이 생선을 달라 하면 생선 대신에 뱀을 주며 알을 달라 하면 전갈을 주겠느냐 너희가 악할지라도 좋은 것을 자식에게 줄 줄 알거든 하물며 너희 천부(天父)께서 구하는 자에게 성령을 주시지 않겠느냐" (눅 11:11~13).

예수님은 우리가 요청하지 않은 것을 받을까 두려워할 필요가 없으며 또한 악한 것을 받을까 두려워할 필요도 없다고 분명하게 말씀하셨다. 당신이 떡을 요청하면 떡을 받을 것이다. 당신이 달걀을 요청하면 달걀을 받을 것이다. 당신이 성령을 요청한다면 성령을 받을 것이다. 성부(聖父) 하나님께 성령을 요청하고 나서 세속적인 영을 받은 사람은 한 사람도 없다. 하나님은 신실하고 선하시다. 그러므로 하나님은 당신이 요청하는 것을 당신에게 주실 것이다.

당신은 그리스도인이 열심으로 하나님의 능력을 간구하고 나서 세속적인 귀신의 영감(靈感)을 받은 방언을 할 수 있다고 생각하는가? 결코 그렇지 않다.

나는 예수 보혈의 중요성을 아주 강력하게 강조하지 않을 수 없다. 그리스도의 보혈을 덧입지 않고 입술로만 예수의 보혈을 주장한다면 그것이 어찌 정당하겠는가? 성령 세례를 요청하는 사람은 또한 "저는 예수님의 보혈을 간구합니다"라고 말해야 할 것이다. 이 간구 외에 우리가 달리 간구할 수 있는 것이 무엇이란 말인가? 어떻게 받을 자격이 없는 축복을 하나님께 요청할 수 있겠는가? 그러나 만일 보혈을 간구한다면, 당신은 귀신들의 기만으로부터 확실히 보호받을 수 있으며 진정한 성령 세례를 받게 될 것이다.

하지만 우리는 성령 세례를 받은 사람들 중에서 일부 사람들이, 여전히 축출되어야 할 귀신에 들려 있다는 사실을 발견한다. 때때로 성령이 들어오심으로써 귀신들이 떠나가지만, 성령이 임재하신다고 해서 항상 불청객들인 귀신들이 쫓겨나는 것은 아니다.

귀신들이 숨어 있을 경우 우리는 그리스도인의 "영적 은사의 표현"이 참된 것을 어떻게 알 수 있는가? 그것은 아주 간단하다.

> "그의 열매로 그들을 알지니 가시나무에서 포도를, 또는 엉겅퀴에서 무화과를 따겠느냐 이와 같이 좋은 나무마다 아름다운 열매를 맺고 못된 나무가 나쁜 열매를 맺나니"(마 7:16, 17).

이와 유사하게 성령께서는 거룩한 열매를 맺지만 악령은 사악한 열매를 맺는다.

만일 어떤 은사의 표현이 선하고 그리스도를 영광되게 한다면, 우리는 그것을 성령의 주관하심이라고 확신할 수 있다.

바울의 육체의 가시는 귀신이었는가?

이 질문은 그 얼마나 풀기 어려운 난제인가! 사도 바울이 "귀신 들렸다"고 생각하는 많은 사람들은 바울이 귀신 들릴 수 없다는 견해에 대해 심하게 반발하고 있다. 이 난제를 해결하기 위하여 많은 성경 교사들은 바울이 루스드라에서 돌에 맞았을 때 제대로 치료를 받지 못했기 때문에 시력이 나빠졌다고 말한다(행 14 : 19 참조). 즉, 이 나빠진 시력이 "가시"라고 주장한다.

나는 이 난제가 다음 성경 구절을 주목하고 이 구절이 아주 명백하게 말하는 것을 받아들임으로써 무척 쉽게 해결되리라 생각한다.

> "여러 계시를 받은 것이 지극히 크므로 너무 자고(自高)하지 않게 하시려고 내 육체에 가시 곧 사단의 사자(使者)를 주셨으니 이는 나를 쳐서 너무 자고하지 않게 하려 하심이니라"(고후 12 : 7).

이 구절의 문법적 구성은 매우 흥미롭다. 영어 구문의 가장 단순한 원리를 이해하는 사람이라면 누구든지 "사단의 사자를 주셨으니 이는 나를 쳐서"라는 표현이 "육체에 가시"라는 표현과 동격이라는 사실을 알 것이다. 다시 말해서 후자는 전자를 설명한다. 사도 바울은 "사단의 사자를 주셨으니 이는 나를 쳐서"라고 말함으로써 육체의 가시를 설명한다.

"사자"라는 용어는 헬라어 『앙겔로스』(aggelos)의 번역어로서 대개 "천사"로 번역된다. 귀신들은 단지 타락한 천사들에 지나지 않으므로, 우리는 바울의 육체의 가시가 그를 부단히 치는 귀신이었다고 결론 내릴 수 있다.

"치다"라는 말은 대다수의 사람들이 생각하는 것보다도 더 사실적인 말로서 "난타하다"라는 뜻이다. 사도 바울은 루스드라에서 사람들이 그가 죽었다고 생각할 때까지 돌로 맞았다. 바울 또한 다음 구절에서 자신이 "난타"당했던 사실들을 묘사한다.

"내가 수고를 넘치도록 하고 옥에 갇히기도 더 많이 하고 매도 수없이 맞고 여러 번 죽을 뻔하였으니 유대인들에게 사십에 하나 감한 매를 다섯 번 맞았으며 세 번 태장으로 맞고 한 번 돌로 맞고 세 번 파선하는데 일 주야를 깊음에서 지냈으며 여러 번 여행에 강의 위험과 강도의 위험과 동족의 위험과 이방인의 위험과 시내의 위험과 광야의 위험과 바다의 위험과 거짓 형제 중의 위험을 당하고 또 수고하며 애쓰고 여러 번 자지 못하고 주리며 목마르고 여러 번 굶고 춥고 헐벗었노라"(고후 11:23~27).

하나님께서는 바울에게 주신 풍성한 계시 때문에 그가 교만케 되지 않게 하려고 이 모든 역경을 허용하여 그를 겸손케 하셨다. 이러한 재난과 재앙을 대행한 자는 사단의 사자, 즉 능력 있는 귀신이었다.

최선을 다해서 주님을 섬기는데도 간혹 사태가 그릇되게 진행될 경우에 당신은 왜 그런지 이상하게 생각했는가? 다윗 왕은 하나님 앞에서 순결함과 정직함을 지녔음에도 불구하고 추격을 당하고 박해를 받았다. 그때마다 다윗은 자신이 처한 상황을 어떻게 보았는가?

"의인은 고난이 많으나 여호와께서 그 모든 고난에서 건지시는도다"(시 34:19).

누가 고난을 당하게 하는가? 사단은 욥을 고난에 처하게 했다. 그러나 이것은 하나님께서 허용하심으로 가능했다. 우리는 욥의 경우와 다른가? 바울은 예외적인 경우에 처해 있었는가?

박해는 그리스도인이라면 피할 수 없는, 귀신의 억압의 일종이다. 그러나 우리는 박해 때문에 의기 소침해 할 필요가 없다. 모든 그리스도인은 귀신의 억압에서 벗어나게 해 달라고 요구할 수 있다. 바울은 확실히 이러한 해방을 맛보았으며 그리스도의 기쁨으로 충만하였다.

그리스도인은 자신을 둘러싸고 있는 귀신의 영향에 어떻게 대적할 수 있는가?

원수를 대적하는 것은 우리 신분상 합당하고도 실제적인 일이다. 성경은 "하나님께로서 나신 자가 저를 지키시매 악한 자가 저를 만지지도 못하느니라"(요일 5:18)고 했다.

우선, 이 구절이 "하나님께로서 나신 자"와 연관되어 있음을 주목하라. 예수께서 요한복음 3장 3~5절과 1장 12절에서 가르치신 영적 거듭남으로 죄인은 예수님 안에서 하나님의 아들이 된다. 하나님의 양자, 즉 하늘 나라 왕가의 일원이 된다. 그의 맏형은 예수 그리스도이다. 그리고 모든 거듭난 그리스도인들은 그의 형제들이다.

이 하나님의 자녀가 "저를 지킨다." 하나님의 자녀는 세상으로부터 자신을 정결하고 흠 없이 유지하고, 하나님의 말씀으로 생각하고 행하며, 예수의 보혈 아래 거하여 스스로를 지킨다.

하나님의 자녀가 되고 예수의 보혈 아래 거하며 자신을 지킴으로써, 그는 귀신을 꾸짖고 대적하며 쫓아내는 지위를 누린다. 악한 자들이 그를 만지지 못할 뿐만 아니라 사단이 그의 면전에서 도망갈 것이다. 그가 그리스도의 향기를 드러내기 때문이다(고후 2:15 참조).

영적으로 말하자면, 그리스도인은 샤론의 꽃과 골짜기의 백합과 같은 향기를 풍긴다. 그의 모든 의복은 몰약과 용설란과 계수나무의 향기를 풍긴다. 사단의 "악취"가 그리스도인을 공격하는 것과 마찬가지로, 그리스도인의 감미로운 "향기"는 사단을 공격한다. 예수님이 우리 죄를 깨끗케 하시려고 십자가에서 보혈을 흘리셨을 때 사단은 완전히 패배당했으며 여전히 그러한 상태에 있다.

거듭난 그리스도인은 "악한 자가 저를 만지지도 못하느니라"는 말씀을 보고 기뻐한다. 그런데 이 약속은 그의 순종 여하에 좌우된다. 어떤 그리스도인들은 이 구절로 자신들을 옹호하고, 사단이 자신들을 만지거나 억압하지 못한다고 주장한다. 그러나 불행하게도 이 사람들은 자신들이 실제로 지니고 있지 않는 자유를 (신학적으로) 고백하고 있을 뿐이다.

교회들은 불순종하는 그리스도인들로 가득 차 있는데, 그들은 사단에게 꼭 붙들려 있다. 고난이나 억압에서부터 벗어나게 하는 귀신 축출에 순복하는 것은, 마치 속박이 당신에게 존재하지 않는 것처럼 행동하는 것보다 더 나은 일이다. 마음의 평화를 누릴 때, 당신은 외부로부터 공격해 오는 귀신을 대적할 수 있을 것이다.

야고보는 우리에게 귀신을 대적할 수 있는 중요한 열쇠를 제공한다. 그는 이렇게 말한다.

"그런즉 너희는 하나님께 순복할지어다 마귀를 대적하라 그리하면 너희를 피하리라"(약 4:7).

만일 당신의 마음이 하나님께 복종하지 않는다면, 당신은 원수의 시험과 억압을 대적하는 데 어려움을 겪을 것이다.

베드로는 한때 사단에게 이용당했으며 사단의 도구로 사용되었다. 이러한 체험을 한 베드로는 교활한 원수와 싸우고 있는 다른 신자들에게 어떤 충고를 하였는가?

"그러므로 하나님의 능하신 손 아래서 겸손하라 때가 되면 너희를 높이시리라 … 근신하라 깨어라 너희 대적 마귀가 우는 사자같이 두루 다니며 삼킬 자를 찾나니 너희는 믿음을 굳게 하여 저를 대적하라"(벧전 5:6,8,9).

먼저 하나님 앞에서 스스로 겸비(謙卑)하고 그 다음에 그리스도 안에서 형제 자매에게 겸비하다면 우리는 강건케 될 것이다. 하나님께서 교만한 자를 적극적으로 대적하신다는 사실을 명심하라(벧전 5:5 참조). 겸손하지 않는다면 사단을 이길 수 없다. 우리는 사단이 우리를 "삼키려고" 한다는 경고를 받았다. 그러므로 모든 능력을 다해서 사단을 대적하기 위하여 신중해야 할 필요가 있다.

우리가 귀신과 싸울 능력을 지니고 있지 않다 해도 그리스도의 능력을 요청할 수 있다. 우리는 사도 바울이 말했던 것처럼 말할 수 있다.
"내게 능력 주시는 자 안에서 내가 모든 것을 할 수 있느니라" (빌 4:13).
우리가 그리스도의 능력을 지니고 있는 한, 귀신은 패배당한 적(敵)에 지나지 않는다.

어떻게 귀신이 "틈"을 타지 못하게 할 수 있는가?

무엇보다도 먼저 당신은 예수님 없이는 귀신들을 전혀 대적할 수 없다는 사실을 깨달아야 한다. 사도 바울은 "내게 능력 주시는 자 안에서 내가 모든 것을 할 수 있느니라"(빌 4:13)고 말했다.

   그리스도를 모시지 않은 자연인은 영적으로 연약하며 귀신들의 침입을 아주 쉽게 받는다. 자연인은 그 안에 그리스도께서 거하지 않기 때문에 귀신들과 싸울 능력이 없다. 만일 당신이 그리스도를 알지 못한다면, 나는 당신에게 죄로부터 그리스도에게로 돌아서서 그리스도를 당신의 주님이요 구주로 영접하라고 강력하게 권고하는 바이다. 만일 당신이 그리스도께서 당신의 삶에 들어오기를 요청한다면, 그분은 약속하신 대로 당신 안으로 들어오실 것이다.

   "볼지어다 내가 문밖에 서서 두드리노니 누구든지 내 음성을 듣고 문을 열면 내가 그에게로 들어가"(계 3:20).

그러나 그리스도를 영접하는 것은 단지 첫걸음에 지나지 않는다. **그리스도를 영접하고 거듭난 그리스도인이 되었다면, 당신은 귀신이 틈탈 수 없게 하는 신앙 생활을 해야 한다**(엡 4:27 참조). 당신은 당신 육체의 어느 부위에 귀신이 틈을 탈 수 있는가 직시해야 한다. 귀신은 우리의 틈을 타기 위하여 몸부림 칠 것이다.

만일 우리가 육체의 속성에 굴복하여 손과 눈과 귀를 그 속성에 내어 준다면, 그 특정 부위에 해당하는 귀신이 그 부분을 차지해 버릴 것이다. 예를 들어 정욕의 귀신은 눈을 점유한다. 그리고 이 귀신은 포르노 잡지나 도색 영화를 보도록 충동질할 것이다. 그리고 이 귀신은 당신의 선한 판단을 거스려 이러한 죄악된 행위를 점점 더 많이 행하도록 계속 충동질할 것이다. 다음 권면에 귀 기울여 보자.

"하나님께로서 나신 자가 저를 지키시매 악한 자가 저를 만지지도 못하느니라"(요일 5:18).

"저를 지키시매"라는 말은 "우리 자신을 지키다"라는 말이다. 곧, 세상의 사악함에서 확고하게 벗어나서 성령과 꾸준히 동행하고 그리스도의 보혈 안에서 우리 자신을 지킨다는 뜻이다.

우리는 성령을 따름으로써 예수님과의 교제를 계속 유지할 능력을 받을 수 있다. 예수님과 계속 교제하는 사람은 누구든지 귀신에게 틈을 주지 아니할 것이 확실하다.

⑨

귀신들의 종류

질병을 일으키는 귀신들이 존재하는가?

참으로 존재한다. **우리가 살고 있는 물질 세계의 배후에 존재하는 실제 세력은 본질상 영적이다.** 하나님은 말씀으로 물질을 존재케 하셨다. 하나님께서 이 세상을 만드셨으므로 "보이는 것은 나타난 것으로 말미암아 된 것이 아니다"(히 11 : 3). 하나님은 각종 원자와 분자를 만드셨다. 우리의 육체는 "신묘 막측하게 지어졌다"(시 139 : 14). 귀신들이 하나님께서 창조하신 우리의 경이로운 육체에 침범할 때에라야 우리는 정신적 질환이나 육체적 질병에 시달리게 된다.

다음 성경 구절은 이러한 사실을 아주 명백하게 보여 준다.

"하나님이 나사렛 예수에게 성령과 능력을 기름 붓듯 하셨으매 저가 두루 다니시며 착한 일을 행하시고 마귀에게 「눌린」 모든 자를 고치셨으니 이는 하나님이 함께하셨음이라"
(행 10 : 38).

"눌린"이라는 말은 헬라어로 "정복하다" 또는 "압도하다"라는 뜻으로서, "압도하는" 귀신이 믿음의 명령으로 떠났기 때문에, 예수님이 치유하셨던 사람들이 질병에서 자유케 되었다는 것을 가리킨다.

이 구절은 예수께서 귀신에게 눌린 모든 사람들을 고치셨다고 말한다. 달리 말해서, 사단은 그 사람들의 질병을 일으킨 장본인이었다. 우리는 사단이 모든 귀신들의 최고 통수권자임을 명심해야 한다. **사단이 명령을 내림으로써 그 졸개들인 귀신들은 인간을 침범하고 공격하고 억압한다. 그리하여 질병과 질환과 낙담과 자포 자기와 욕망과 실망 등을 초래한다.**

병의 원인을 깨닫지 못하는 환자는 자신의 증상에 대해 진단받고 의학적인 치료를 구한다. 나는 의사들을 허락하신 하나님을 찬양한다. **그러나 그리스도인들은 질병의 진정한 원인이 정신적인 것이나 육체적인 것이 아니라 영적인 것임을 이해해야 한다.** 이것이 바로 예수께서 베드로의 장모가 걸린 질병을 꾸짖으셨던 이유이다 (눅 4 : 38, 39). 열병의 배후에 있는 귀신이 추방되자마자 열병은 사라졌으며 그녀는 치유되었다.

어느 그리스도인에게 누군가가, 그에게 귀신이 침입하여 질병을 일으켰다고 말한다면 당사자는 반사적으로 반감을 갖는다. 나쁜 소식을 듣고 싶어하는 사람은 아무도 없다. 우리가 암이나 다른 무서운 질병들에 걸렸다는 것을 알게 된다는 것은 유감스런 일이다. 그러나 육안으로 볼 수 없는 살아 있는 귀신의 침입을 받을지도 모른다는 것을 알 때 거부감이 크게 일어나 우리는 그런 일은 있을 수 없다고 부인한다. 하지만 그런다고 해서 귀신들이 축출되지는 않는다.

나는 남아메리카의 한 여성 선교사의 보고서를 읽었다. 그녀는 고질적인 질병으로 선교지를 떠나게 되어 아주 우울해졌다. 그러나 마침내 성령께서 질병의 원인이 귀신이라는 사실을 보여 주셨다. 그녀는 금식을 결심했다. 그리고 30분마다 무릎 꿇고 기도하며 사단과 귀신들을 꾸짖고 승리를 간구하였다. 그녀는 하루 온 종일 이렇게 했다. 그 하루가 끝나갈 때 그녀는 완전히 귀신에게서 놓임 받았으며 건강을 온전히 회복했다.

어떤 사람이 질병에 걸렸을 때 언제든지 귀신을 쫓아내야 하는가?

하나님은 결단코 그분의 백성들이 질병에 걸리도록 작정하지 않으셨다. 이런 점에서 우리는 질병의 책임이 사단에게 있다고 말할 수 있다. 질병에 대해서 누가 하나님 탓을 하겠는가?

인간의 육체에는 자연적인 회복 능력이 잠재해 있다. 세포 조직은 스스로 재생한다. 그리고 항체는 인체에 침입한 세균을 격퇴한다. 그러나 사단은 이러한 과정을 방해하려고 애쓴다. 이러한 경우에 기도는 상당한 효과가 있다.

어떤 질병이 오랫동안 지속되며 열심히 기도해도 치유되지 않는다면 속박하는 귀신을 축출해야 한다. 이것은 관절염과 점액 낭염과 이와 유사한 질병들인 경우에 틀림없는 사실이다. 우리가 협심증(狹心症)이라고 부르는 심장 근육의 수축은 속박하는 귀신의 활동으로 일어나곤 한다.

선천적인 질병은 항상 죄의 결과인가? 성경은 바로 이와 같은 사건에 대한 하나님의 관점을 계시한다.

"예수께서 길 가실 때에 날 때부터 소경 된 사람을 보신지라 제자들이 물어 가로되 랍비여 이 사람이 소경으로 난 것이 뉘 죄로 인함이오니이까 자기오니이까 그 부모오니이까 예수께서 대답하시되 이 사람이나 그 부모가 죄를 범한 것이 아니라 그에게서 하나님의 하시는 일을 나타내고자 하심이니라"(요 9:1~3).

예수께서 치유하신 선천적인 소경의 사례(事例)를 설명해 달라는 사람이 종종 있다. 제자들은 그 사람이나 그의 부모가 범죄했기 때문에 그가 날 때부터 소경이 되었다고 잘못 생각하였다. 그러나 예수님은 그 사람을 회복시키는 하나님의 치유의 권능을 나타내기 위하여 그가 소경이 되었다고 말씀하셨다.

우리는 이 이야기를 들어 선천적인 모든 연약함이나 불구를 하나님의 뜻이라고 믿어서는 안 된다. 왜냐하면 이런 것들은 하나님의 뜻이 아니기 때문이다. 우리 조상들의 죄악의 결과는 삼사대까지 미친다. 그가 소경이었기 때문에 "귀신 들렸다"고는 할 수 없다. 오히려 그가 눈먼 것의 근본 원인은 사단이었다.

그러나 사단이 이 사람을 눈멀게 하였을지라도 예수님은 귀신을 축출하지 않으셨다. 예수님은 단지 창조적인 이적을 행하셨으며 그 사람에게 시력을 주셨다.

이와 마찬가지로, 우리도 병든 사람을 위한 기도를 요청받을 때 항상 "귀신을 쫓아내지는" 않는다. 그 대신에 우리는 종종 치유의 이적을 위한 기도를 드린다. 그리고 하나님은 자비로우사 놀라운 징표와 이적으로 응답하신다.

질병을 일으킨 귀신에게서 자유케 되었다면, 모든 약물 치료를 즉시 중단해야 하는가?

병든 자를 위하여 기도하는 전체 사역은 귀신 축출 사역과 아주 밀접하게 관련된다. 예수님은 "말씀으로 귀신들을 쫓아내시고 병든 자를 다 고치셨다"(마 8:16). 육체적인 질병으로 고통당하는 수많은 사람들의 경우에 그 질병의 배후에 있는 질병 귀신은 즉시 축출될 수 있다.

그러나 귀신 축출 이후에 질병의 근본 원인은 제거될지라도 어떤 증상들은 여전히 남아 있다. 고통과 아픔은 여전히 있을 것이며, 염증은 여전히 있을 것이며, 병원균과 바이러스는 여전히 활동할 것이다.

이럴 경우에 고통받는 사람은 어떻게 해야 하는가? 믿음의 증거로서 모든 약물 치료를 중단해야 하는가? 그러나 약물 치료의 중단이 필수적인 것은 아니다. 약물 치료에서도 하나님은 확실히 우리를 인도하신다.

많은 사람들은 약물 치료를 허락하신 하나님의 지시를 따르지 않음으로써 슬프게도 무서운 결과에 봉착하고 만다. 당뇨병의 경우, 췌장이 정상적인 인슐린 분비를 하기 이전에 인슐린 주입을 중지해야 한다는 것은 완전히 억측이다.

치유되고 나서도 육체의 세포 조직이 회복되고 건강한 상태로 복귀하는 데에는 시간이 필요하다. 이 기간 동안에 약물 치료를 하는 것은 그릇된 것이 아니다. 특히 바이러스가 여전히 활동하고 있는 경우에 약물 치료는 필수적이다. 만일 치유가 약물 치료를 필요로 하지 않을 정도로 광범위하게 이루어졌다면, 그 사실은 곧 입증될 것이다.

일부 그리스도인들의 경우에는 즉각적인 치유를 통해 모든 증상이 사라질 것이다. 그러나 그 외의 그리스도인들은 온전한 건강을 되찾기 위해서 더욱 점진적인 회복 과정을 체험할 것이다. 사실상 이 후자의 경우가 즉각적인 치유의 이적보다 더 보편적으로 이루어지고 있다.

약물 치료를 받는 것은 죄가 아니다. 히스기야는 병들었을 때 확실히 약물 치료의 도움을 받았다.

"이사야가 가로되 무화과 반죽을 가져오라 하매 무리가 가져다가 그 종처(腫處)에 놓으니 나으니라"(왕하 20 : 7).

선지자 이사야는 히스기야의 종처에서 독을 뽑아 내기 위하여 이러한 약물 치료를 명하였다.
수많은 사람들은 "왜 이사야가 기도 후에 약에 의존했는가?"라고 질문할 것이다. 그러나 그것은 확실히 그 상황에 부합하는 하나님의 뜻이었다. 하나님은 이사야에게 명하사 그분께서 치유하실 것이라고 히스기야에게 말하라고 하셨다. 그러나 히스기야의 치유에는 무화과 반죽이라는 약물 치료도 아울러 행해졌다.

어쨌든 이러한 절차는 오늘날 우리를 향하신 하나님의 뜻이다. 하나님은 "병든 사람에게 손을 얹은즉 나으리라"(막 16 : 18)고 명백히 말씀하셨다. 그러나 이 말씀이 하나님께서 주신 약물의 사용을 배제하는 것은 아니다. 약물 치료를 거부하는 것은 믿음이 아니라 억측이다.

약물 치료를 경멸하는 그리스도인들은 아사 왕을 지적하는데, 그들은 아사 왕이 의원들에게 갔기 때문에 죽었다고 말한다. 그러나 그것은 사실을 잘못 알고 있는 것이다. 아사 왕은 의원들에게 가기 전에 선견자 하나니를 만났는데, 하나니는 살아 계신 하나님을 신뢰하지 않고 수리아와의 동맹을 신뢰한 그를 꾸짖었다. 그러자 아사 왕은 몹시 분개하여 하나니를 옥에 가두었다. 이것은 주님에게서 치유받기 위한 태도와 얼마나 상반된 태도인가! (대하 16장 참조)

아사는 하나님의 사람을 거부한 이후에 하나님에게서 거부당했다. 조언을 구하려고 무당을 찾아간 사울과 마찬가지로 아사는 의원들의 도움을 구하였으며 결국 죽었다. 아사가 하나님의 지도와 지시를 받아들인 경건한 사람이었다면, 그는 의원들의 도움을 받았든지 받지 않았든지 간에 분명히 치유되었을 것이다.

의사들의 도움을 구하는 것은 죄가 아니다. 하나님은 의학에 관한 지식을 의사들에게 주셨다. 그리고 우리를 도울 수 있는 수많은 훌륭한 그리스도인 의사들이 있다.

나는 정신적·육체적 질병에 걸린 것이 명백할 경우에 적절한 치료를 받아야 한다고 믿는다. 먼저 우리는 하나님께 치유를 구해야 한다. 그 다음에 질병이 여전히 남아 있다면, 우리는 또한 전문 의료인의 도움을 구해야 한다. 나는 하나님께 병의 치유를 간구하지 말고 의사의 도움을 구하라고 권유하는 것이 아니다.

수많은 경우에, 안수(按手)를 병행한 믿음의 기도를 하면 영구적이고도 즉각적인 치유와 귀신 축출이 이루어진다. 그리하여 더 이상의 다른 도움이나 약물 치료가 필요하지 않게 된다. 그런데 예수님은 "건강한 자에게는 의원이 쓸데없고 병든 자에게라야 쓸데 있느니라"(마 9 : 12)고 말씀하셨다. 이 말씀은 전문 의료인들을 저주하는 것이라기보다는 오히려 그들의 적당한 사역을 인정하는 것이라 생각된다.

"약물 치료도 필요 없고 의사의 도움도 필요 없다"라는 극단적인 입장을 고수하는 많은 그리스도인들은 그들의 육신이 더욱 더 연약해진 이후에야 자신들의 자세를 바꿀 것이다. 이러한 자세를 바꾸지 않은 일부 사람들은 모든 치료를 거부했기 때문에 죽었다. 그들의 거부 행위는 신앙이 아니었다. 그렇지 않았다면 그들은 죽지 않았을 것이다. 그들의 극단적인 입장은 기껏해야 억측이라고 말할 수 있는 어리석은 열정이며 명백한 광신적 행위이다. 하나님은 이와 같은 경우들을 통해서 영광 받지는 않으신다.

수많은 자연적인 치료약들은 식물에서 발견된다. 현대 과학은 이 약품들을 식물에서 채취하는 대신에 합성적으로 대량 생산하고 있는 실정이다. 예를 들어, 강심제(强心齊)는 폭스 그로브(fox-glove)라는 식물에서 추출되는데, 이 약은 연약한 심장을 강하게 한다.

근년에는 질병과 생활 방식 사이의 연관 관계가 규명되었다. 우리는 충분한 수면을 취하고 규칙적으로 활동하고 균형 있는 식이요법을 해야 한다. 우리는 상식과 예방책을 이용함으로써 질병이나 질환에 걸릴 비율을 상당히 낮출 수 있다. 그리고 질병에 걸리게 된다면, 예수 그리스도를 통하여 치유케 하신다는 믿음으로 하나님께 나아갈 수 있다.

나는 오랜 체험을 통해서 대다수의 사람들이 상당히 그릇된 신앙을 가지고 있다는 사실을 발견하였다. 그들은 약물 치료를 받는 것이 하나님을 모욕하는 짓이라고 생각한다. 만일 치유를 위한 기도를 드렸는데도 여전히 병으로 시달린다면, 당신은 당신을 도울 수 있는 의사의 충고와 처방을 받아야 한다. 당신이 하나님을 믿는다면, 하나님은 여하튼 궁극적으로 당신을 돕는 유일한 분이 되신다.

정서적 혼란을 일으키는 귀신이 있는가? 아니면, 이러한 질환은 심리적 증상에 불과한가?

하나님께서는 우리를 전인적(全人的)으로 대하신다. 어떠한 문제를 영적인 것으로 생각하지 않고 심리적인 것으로만 생각하는 것은 십중 팔구 그릇되다. 어떤 증상이든지 간에 그것은 필시 영적이며 심리적이다.

그 동안 받아 온 교육으로 우리는 정신과 의사가 정서적인 혼란에 대해서 조언하는 것을 믿고 있는 실정이다. 인본주의자에게 축복과 저주의 근본 원인이 영적이라는 생각은 전혀 무의미하다.

의사들은 육체를 검진하며, 정신과 의사들은 마음을 살피며, 목회자들은 영혼은 다룬다. 하지만 일부 전문가들은 이 영역들 사이의 상관 관계에 주목하고 있다. 영적인 문제들은 육체적인 문제들 때문에 생길 수 있으며, 육체적인 문제들은 영적인 문제들 때문에 생길 수 있다.

불행하게도 대다수의 목회자들은 주로 지적(知的)인 영역에서 사역하고 있으며 인간의 영혼을 거의 무시하고 있다. 따라서 교회는 평신도들의 영적인 욕구를 충족시킬 수 있는 "영적 전문가들"을 절박하게 필요로 한다. 만일 어떤 사람의 영혼이 어둠의 영들에게 억압당하고 있다면, 그 사람의 마음에는 흑암이 드리워지게 될 것이며, 그의 정서는 혼란케 될 것이며, 그의 육신은 병들어 버릴 것이다.

지식인들은 정서적인 문제들을 심리학적인 용어들을 가지고 이름 붙일 것이며, 이러한 문제들을 인간 지성의 차원에서 다루려고 할 것이다. 그러나 이러한 문제들의 근본 원인은 흔히 인간의 영혼에 침범하여 정서와 육체에 영향을 끼치는 악령의 활동이다.
수많은 정서적 질환들은 악령들의 활동에서 비롯된다. "하나님이 우리에게 주신 것은 두려워하는 마음이 아니요 오직 능력과 사랑과 근신하는 마음"(딤후 1:7)이다. 두려움의 영이 인간에게 두려움과 공포를 줄 수 있듯이, 성령께서는 능력과 사랑과 근신하는 마음을 주실 수 있다.

비술 실험을 통해서 귀신들에게 오염될 수 있는가?

어떤 사람이 스컹크를 가지고 논다면 스컹크의 냄새를 맡게 될 것은 명약관화(明若觀火)한 사실이다. **이와 마찬가지로 비술에 몰입하는 것은 언제나 영혼을 더럽힌다.**

어떤 사람이 강신술 집회에 참석한다면, 그 사람은 불가항력적으로 악령들이 제공하는 사악한 수단에 몰두하게 될 것이다. 성경은 이 영들을 "접신"(신 18 : 11 / 삼상 28 : 7 ~ 19)이라고 부른다. 왜냐하면 이 영들은 영매를 통하여 활동하여 사람들을 미혹하는 귀신들이기 때문이다. 우리가 이 영들과 접촉하고 친근하게 행동한다면, 그 순간에 우리는 악령들의 사악한 영향에 지배 받게 된다.

이와 마찬가지로 만일 우리가 점성판을 해독하거나 부적판을 활용하거나 공중 부양이나 테이블 이동(여러 사람이 테이블 위에 손을 얹어 테이블을 움직이게 하는 심령술-역자 주)에 참여하거나 물이나 광천수로 점을 치는 데 몰두한다면, 우리의 영혼은 오염되기 시작한다. 이것은 영적인 법칙이다.

만일 한 가정의 부모가 공공연히 비술에 발을 들여놓고 열렬하게 활동하고 있다면, 그 가정의 자녀들도 부모와 마찬가지로 귀신들에게 시달릴 것이다.

최근에 영국의 한 광고인이 임산부의 흡연을 보여 주는 광고판을 만들었다. 그 광고는 흡연 여성의 태아가 육체적으로나 정신적으로 거의 확실하게 오염된다는 사실을 경고하였다. 이와 마찬가지로, 악령을 좇음으로 자신의 마음을 오염시키는 임산부는 자신의 태아를 육체적으로나 정신적으로 거의 확실하게 오염시킬 것이다.

영적인 오염은 질병과 정신적 고통과 혐오스러운 행동 방식 (특히 호색과 동성연애와 야비한 행위)을 초래한다. 이러한 속박에서 벗어나려면 우리는 먼저 우리의 죄와 무지를 고백하고 죄악된 행위들을 버리고 예수의 보혈로 정결케 되어야 한다. 그 다음에야 비로소 명령 기도로 불결한 귀신들을 축출할 수 있다.

사람들이 기독교 신앙에서 떠날 때 그 빈자리에 귀신들이 가득 찬다는 사실을 역사는 보여 주고 있다. 이교(異敎) 국가들은 귀신들로 가득 차 있다. 미국의 공립 학교에서 성경 교육이 거부되었을 때, 그 열려진 문을 통해서 비술의 귀신들이 들어왔다. 그리고 이제 대부분의 미국 고등학교들에는 최소한 한 명 이상의 주술사가 있는 실정이다.

우리 세대는 비술에 대해서 관심이 많다. 하나님께서 신약 시대에 초대교회에 임하셨던 성령을 보내지 아니하신다면, 사단은 궁극적으로 승리할 것이며 수많은 국가들을 붕괴시킬 것이다. 그러나 하나님께서 모든 인간에게 성령을 부어 주겠다고 약속하셨기 때문에 그와 반대되는 현상이 일어나고 있다. 성령의 임재가 오늘날 이루어지고 있는 것이다.

조상들을 통하여 우리에게 임하는 귀신들이 있는가?

그렇다. 이러한 귀신들은 존재한다. 그러나 그 귀신들이 영원히 우리를 떠나지 않는다는 것은 근거 없는 말이다. 귀신 축출은 귀신들 때문에 생긴 모든 선천적인 연약함을 제거할 수 있다. 선천적인 연약함은 대개 두 가지 범주로 구분된다.

- 유전자의 비정상적 결합으로 말미암은 신체적인 기형
- 유전으로 물려받은 정신적인 연약함이나 영적인 연약함

우리는 육체적인 불구나 기능 마비는 귀신이 직접 일으킨다고 인정하지 않는 반면, 정신적 연약함의 근본 원인은 귀신이라 생각한다.

불행하게도 부모의 죄악은 삼사 대 자손들에게까지, 즉 80년에서 100년까지 이른다(신 20:5 참조). **조상들의 반역과 불순종은 우리의 잘못이 아니다. 그러나 그럼에도 불구하고 우리는 정신적이고도 영적인 죄의 상처를 물려받는다.**

마약을 복용하는 산모들의 태아들은 자궁에서 중독되어 있기 때문에 흔히 출생시 사망하거나, 극소량의 마약을 주입해야 생존할 수 있다. 담배를 피우는 산모들은 노란 피부를 지닌 아기를 출산할 수도 있는데, 이 유아들은 담배 연기를 맡아야만 유순해지고 울음을 그친다. 즉, 이미 중독된 상태에 있는 것이다. 따라서 유아들은 뱃속에 있을 동안 마약이나 담배로부터 격리되어야만 한다.

각종 성병들은 태아의 혈관을 통하여 감염되며, 눈과 다른 주요 기관을 손상시킬 수 있다. 어떤 아이는 노여움의 귀신이나 파괴하는 귀신과 더불어 출생할 수도 있다. 이 귀신은 사실상 자궁에 있을 때에 어머니로부터 태아에게로 옮겨진다.

오래 전에 한 가지 조사가 행해졌다. 하나님을 경외하는 부모의 자녀들은 자신들이 인생을 어떻게 살아야만 하는지 깨달았다. 그들의 후손들은 목회자와 법률가와 교사와 사회에 긍정적인 공헌을 하는 사람들이 되었다. 연구원들은 이러한 사실과 비교하기 위하여 죄악된 가정의 자녀들과 후손들을 조사하였다. 그들의 후손들은 강도와 변태 성욕자와 협잡꾼과 고용 불능자들이 되어 있었다.

만일 당신 가족의 역사가 전형적인 후자의 경우라고 한다면, 절망할 수밖에 없는 것인가? 아니다. 만일 당신이 귀신 들린 채 태어났어도, 당신은 귀신들이 예수의 이름으로 축출될 수밖에 없음을 알고 낙심하지 않을 수 있다.

사람의 생애에서 어떤 시기까지 스스로를 드러내지 않는 "잠복한 귀신"이 존재하는가?

우리는 무신론적이거나 하나님께 반역하는 부모들, 특히 하나님께서 금하신 비술에 탐닉하는 사람들에게서 태어나는 많은 자녀들이 이미 귀신 들려 있다고 믿는다. 이 귀신들은 잠복해 있거나 일정한 시기에만 스스로를 드러낸다.

나는 북부 온타리오에 위치에 한 교회에서 귀신 축출 기도를 요청했던 어떤 사람을 기억하고 있다. 우리가 밝혀낸 그 귀신들 중에 하나는 "니코틴 귀신"이었다. 우리가 나오라고 명령했을 때 그 귀신은 강렬한 담배 냄새를 풍기면서 그 사람의 목구멍을 통해서 축출되었다. 놀랍게도 그 사람은 사실상 담배를 피우지 않던 사람이었다.

어떻게 이런 일이 일어날 수 있는가? 나는 그 사람에게 귀신이 잠복해 있었으며 그가 약간의 틈을 타게 했을 때 귀신이 그 사람을 완전히 억눌렀다고 믿는다. 그러나 그는 니코틴 귀신의 유혹에 저항했다.

시험과 죄에 관해서 기술한 다음 성경 구절을 보라.

"시험을 참는 자는 복이 있도다 이것에 옳다 인정하심을 받은 후에 주께서 자기를 사랑하는 자들에게 약속하신 생명의 면류관을 얻을 것임이니라 사람이 시험을 받을 때에 내가 하나님께 시험을 받는다 하지 말지니 하나님은 악에게 시험을 받지도 아니하시고 친히 아무도 시험하지 아니하시느니라 오직 각 사람이 시험을 받는 것은 자기 욕심에 끌려 미혹됨이니 욕심이 잉태한즉 죄를 낳고 죄가 장성한즉 사망을 낳느니라"(약 1 : 12 ~ 15).

야고보가 여기에서 말하는 것에 주목하라. **만일 어떤 사람이 잠복한 귀신에 들려 있으며 시험에 굴복한다면, 그 사람 안에서는 실제로 귀신의 생명 활동, 즉 태아처럼 그 사람의 삶 속에서 태어나고 자라고 장성하는 귀신의 활동이 일어날 수밖에 없다.**

"니코틴 귀신"에 들렸던 사람은 귀신의 시험에 결코 굴복하지 않았다. 그러나 만약 그가 이 시험에 대항하지 않았다면, 습관적인 흡연으로 그 사람 몸 속의 니코틴의 양은 엄청난 비율로 증가되었을 것이다.

태어날 때부터 잠복한 귀신에 들린 어떤 사람은 훌륭한 기독교 가정에서 양육되었으며 마침내 실천적인 그리스도인이 되고자 결단하였다. 그는 오랜 세월이 지날 때까지 자신에게 잠복해 있는 귀신을 발견할 수 없었다. 그러나 그 귀신은 훗날 발견되었고 그 사람에게서 축출되었다.

심지어 어떤 사람이 이미 알려지고 식별된 귀신에게서 놓임을 받은 이후일지라도, 그 사람 안에 남아 있는 귀신들은 성령께서

적발하실 때까지 그대로 있을 수 있다. 이럴 경우에 두번째 귀신 축출이 반드시 행해져야 한다. 예수의 이름으로 행하는 명령 기도는 잠복해 있는 귀신들을 축출할 수 있다.

어떤 귀신들은 다른 귀신들보다 더 강한가?

성경은 어떤 귀신들은 다른 귀신들보다도 더 큰 권세를 지니고 있다고 가르친다. 만일 어떤 귀신들이 한 사람을 속박하고 있다면, 그 귀신들 중에서 "책임 있는 대장 귀신"이 억압을 선도할 것이다. 어떤 사람을 자살 귀신들에게서 자유케 했을 때, 아내와 나는 그 사람 안에 있던 하급 귀신들이 모두 축출될 때까지도 남아 있던 귀신이 "대장 귀신"이었다는 강한 느낌을 받았다.

어떤 사람들은 "주관 귀신"이라는 표현을 사용한다. 이 표현은 다음 성경 구절에 근거한다.

"우리의 씨름은 혈과 육에 대한 것이 아니요 정사와 권세와 이 어두움의 세상 「주관자」들과 하늘에 있는 악의 영들에게 대함이라"(엡 6:12).

여기에 언급되어 있는 귀신들의 종류는 다음과 같다.

- 정사
- 권세
- 이 어두움의 세상 주관자
- 하늘에 있는 악한 영들

세상 국가들을 지배하는 귀신들을 지칭하는 헬라어는 두 가지이다. 하나는 『다이몬』(daimon)이고 다른 하나는 『다이모니온』(daimonion)이다. 전자는 대개 능력 있는 귀신들을 가리키며 후자는 하위 계급의 귀신들을 가리키는 지소사(指小辭)이다. "주관 귀신들"의 존재에 관해서 가르치는 사람들은 에베소서 6장 12절을 근거로 하고 있다.

그러나 본문의 문맥은 "주관 귀신"의 권세가 지배자들과 왕들과 강포한 독재자들과 통치자들에게 확장된다는 것을 가리키고 있다. "주관 귀신"의 활동은 국가나 영토의 실제적인 통치를 포함한다. 의심할 나위없이 히틀러나 스탈린은 이러한 "주관 귀신들"의 지배를 받았다.

어떤 귀신들이 다른 귀신들보다 강하다고 해서, 평범한 사람에게 들린 어떤 귀신을 "주관 귀신"이라고 말하는 것은 현명치 못하다. 이럴 경우에 그리스도인들은 "주관 귀신"이라는 말 대신에 "대장 귀신" 또는 "하사관 귀신" 등과 같은 표현을 사용하는 것이 타당할 것이다.

어떤 사람들은 귀신 축출을 행하는 사람이 먼저 이 "대장 귀신"에게 축출을 명한다면 부하 귀신들이 대장 귀신을 따라 순순히 떠날 것이라고 가르친다. 우리는 이러한 귀신 축출 방법이 귀신들과의 실제 대화를 통하여 "발견된" 것임을 기억해야 한다. 그러나 귀신들에게서 얻은 정보는 심각한 문제를 일으킨다는 사실을 명심하라.

나는 귀신들에게 강제로 말을 시키거나 이름을 밝히라고 명령하는 것을 권하지 않는다. 예수님은 귀신들에게 명하사 "잠잠하고 그 사람에게서 나오라"(막 1:25)고 말씀하셨다. 귀신들은 모두가 거짓말쟁이들이며, 귀신 축출 사역을 행하는 초심자들과 경솔한 사람들을 혼란에 빠뜨리기 위하여 아주 터무니없는 말을 한다.

축출을 명했을 때 어떤 귀신은 자기가 지니고 있지 않은 지위를 가장하여 "나는 대장 귀신이다"라고 말할 수도 있다. 대장 귀신을 축출할 능력이 있음을 "입증하기" 원하는 사람들은 이러한 귀신의 거짓 진술을 열광적으로 받아들일 것이다.

나는 거짓말하는 귀신의 말에 근거하여 가르침을 주라고 권유하지 않는다. 그리고 나는 귀신 축출을 할 때 일반적으로 이 더러운 귀신들과 대화하지 않는다. 나는 귀신들을 경멸한다. 그리고 당신 또한 귀신들을 경멸해야 한다.

귀신들의 말에 귀 기울이는 것은 안전한가?

귀신 축출 사역을 하는 사람들 중에 어떤 사람들이 흔히 귀신들과 논쟁할지라도, 나는 이러한 논쟁이 합당치 않다고 생각한다. **귀신들과의 대화를 시도하는 것은 바람직한 것도 아니며 성경적인 것도 아니다.**

한때 어떤 귀신은 낙담하고 자살 충동에 시달린 사람에게서 떠나는 귀신들의 수효를 자발적으로 우리에게 말해 주었다. 그 사람 안에 있었던 귀신들은 모두 성공적으로 축출되었다. **우리는 사단이 거짓의 아비이고 그의 부하들인 귀신들 또한 거짓말장이들이라는 사실을 잊지 말아야 한다.** 만일 당신이 귀신에게 이름을 밝히라고 요구하고 어떻게 그 사람에게 들어갔는지를 말하라고 한다면, 귀신은 십중 팔구 믿을 수 없는 말을 할 것이다. 이것이 당신이 귀신과 이야기하지 말아야 하는 이유이다.

때때로 사람들은 예수의 이름으로 명하여 귀신에게 진실을 말하라고 강요한다. 그러나 그렇다고 할지라도 귀신들이 진실을 말한다는 것은 불가능하다. 그리고 귀신들은 진실을 말하기보다는 자기네 입장을 주장하고 옹호하려고 할 것이다.

더구나 성경은 귀신들과 대화하지 말라고 우리에게 분명하게 명령하고 있다.

> "그 아들이나 딸을 불 가운데로 지나게 하는 자나 복술자나 길흉을 말하는 자나 요술하는 자나 무당이나 진언자나 신접자나 박수나 초혼자를 너의 중에 용납하지 말라 무릇 이런 일을 행하는 자는 여호와께서 가증히 여기시나니"(신 18:10~12).

성경은 마귀와 말하지 말고 "마귀를 대적하라"고 권고한다 (약 4:7 참조). 사울 왕이 하나님의 율법에 불순종하고 귀신 들린 무당에게서 정보를 구하려 했기 때문에 죽었다는 사실을 잊지 말라(삼상 28 : 7~19 참조).

성경은 신접한 자를 찾아 구하는 행위를 철저하게 비난하며 이에 대한 심판을 선언하고 있다.

"혹이 너희에게 고하기를 지절거리며 속살거리는 신접한 자와 마술사에게 물으라 하거든 백성이 자기 하나님께 구할 것이 아니냐 산 자를 위하여 죽은 자에게 구하겠느냐 하라 마땅히 율법과 증거의 말씀을 좇을지니 그들의 말하는 바가 이 말씀에 맞지 아니하면 그들이 정녕히 아침 빛을 보지 못하고"(사 8 : 19, 20).

당신이 단지 귀신들과 논쟁할 뿐이라고 하더라도 귀신들과 이야기하는 것은 매우 위험한 일이다. 귀신들은 완전히 비이성적인 존재들이므로 당신은 논쟁에서 결코 승리할 수 없을 것이다. **우리의 목표는 귀신들에게 틈을 주지 않고 그들과 전혀 논쟁하지 않으며 신속하게 축출하는 것이다. 우리는 귀신들에게 무조건 항복을 요구한다. 이것이 예수께서 귀신들에게 잠잠하고 나오라 명하셨던 이유이다. 귀신은 논쟁을 시작할 수 있다면 자신의 축출을 지연시킬 수 있다.**

우리는 귀신들이 신체 기관들을 지니지 않은, 눈에 보이지 않는 영적인 존재들이라는 사실을 기억해야 한다. 귀신들은 후두와 입술과 입을 가지고 있지 않다. 예수님은 귀신들의 특성을 드러내는 말씀을 하셨다.

"더러운 귀신이 사람에게서 나갔을 때에 물 없는 곳으로 다니며 쉬기를 구하되 얻지 못하고"(마 12 : 43).

이 성경 구절은 모든 귀신이 인간의 육신을 통하여 자신들을 표현하고자 갈망한다는 사실을 보여 주는 것 같다. 귀신은 자기가 차지할 육신을 찾지 못할 때 쉴 수가 없다. 예를 들어 하나님을 모독하는 귀신들과 음담 패설의 귀신들은 자신들의 불경스런 생각을 표현하기 위하여 사람의 입술이나 목소리를 차지하기를 갈망한다.

대다수의 귀신들은 말하지 않는다. 그러나 말할 경우에 봉착했을 때에 그들은 자신들이 지배하고 있는 사람의 성대(聲帶)를 빌린다. 일반적으로 귀신들이 말하는 어조는 귀신 들린 사람이 평소에 말하는 어조와 완전히 다르다. 그러나 그 목소리는 누구든지 들을 수 있다.

오랫동안 귀신 축출 사역을 한 이후에 우리는 귀신들이 그렇게 자주 말하지는 않는다는 사실을 발견했다. 우리는 사람에게 귀신 축출을 원하는지 간단하게 물어 본다. 그리고 그가 죄 고백을 한 후에 우리는 예수의 이름으로 귀신에게 떠나라고 명령한다. 귀신이 떠날 때 귀신 축출을 받은 사람은 기침을 하거나 한

숨을 쉬거나 온몸을 떤다. 그러나 때때로 귀신이 쫓겨가는 표시가 전혀 나타나지 않는 경우도 있다.

이따금 귀신들은 우리와 논쟁하거나 축출되기를 거부하거나 우리에게 "입 닥쳐"하고 말한다. 귀신들이 말 걸려고 할 때 나는 예수께서 행하셨던 것처럼 한다. 예수님은 귀신에게 이렇게 명하셨다.
"잠잠하고 그 사람에게서 나오라"(막 1 : 25).

10

귀신 쫓기 사역

그리스도인이 명령할 때 귀신들은 왜 떠날 수밖에 없는가?

그리스도께서 자신의 권세를 우리에게 주셨다는 것은 확실한 사실이다. 우리는 대개 예수께서 귀신들을 다스리는 권능을 가지셨다는 사실은 쉽사리 믿는다. 그러나 예수께서 오늘날 우리에게도 이 권세를 위임하셨다는 사실은 때때로 이해하지 못한다.

예수님은 제자들에게 다음과 같이 말씀하셨다.

> "하늘과 땅의 모든 권세를 내게 주셨으니 그러므로 너희는 가서 모든 족속으로 제자를 삼아 아버지와 아들과 성령의 이름으로 세례(침례)를 주고"(마 28 : 18, 19).

여하튼 우리는 예수께서 말씀하신 것을 잘 깨닫지 못하고 있다. 우리는 예수께서 "하늘과 땅의 모든 권세를 내게 주셨으니 그러므로 「내가」 가서…"라고 말씀하셨다고 이해한다. 그러나 예수께서 말씀하신 것은 그게 아니었다. 오히려 예수님은 "하늘과 땅의 모든 권세를 내게 주셨으니 그러므로 「너희는」 가서…"라고 말씀하셨다. 예수님은 왜 이렇게 말씀하셨는가? 왜냐하면 예수님은 권능을 받으셨으며 오늘날 우리에게 그 권능을 위임하셨기 때문이다.

모든 귀신들이 예수께 복종한다면, 그 귀신들은 또한 예수님의 백성들에게도 복종할 것이다. 왜냐하면 우리는 예수님의 권능을 가지고 있기 때문이다. 예수님은 십자가에서 죽임 당하시고 보혈을 흘리셨을 때 사단과 귀신들에게서 그들의 모든 능력을 빼앗아 버리셨다. 성경은 "정사와 권세를 벗어 버려 밝히 드러내시고 십자가로 승리하셨느니라"(골 2:15)고 말한다.

우리는 이러한 사실에 대해 놀라지 말아야 한다. 이미 예수님은 갈보리에서 십자가에 달리시기 전에 제자들에게 귀신들을 다스리는 권능을 주셨다. 그리고 제자들은 이 권능을 행사했다. 제자들은 예수께 돌아와서 "주여 주의 이름으로 귀신들도 우리에게 항복하더이다"(눅 10:17)라고 보고했다.

공생애 시기에 예수님의 이름은 엄청난 권세를 지녔다. 그리고 오늘날 우리는 예수께서 위임하신 권세를 정당하게 지닌 자들이다. **예수님의 이름으로 귀신을 축출할 때 우리는 예수님의 대행자(代行者)들로서 그렇게 하는 것이다.** 어떠한 귀신일지라도 하나님의 자녀가 행하는 믿음의 명령을 무시할 수 없다. 귀신들은 예수께서 명령하셨을 때 복종하였던 것과 마찬가지로 우리가 명령할 때 복종하지 않을 수 없다.

제자들이 예수님에게서 받은 새로운 권능이 귀신을 능가한다는 사실을 체험하고 보고했을 때, 예수님은 "사단이 하늘로서 번개같이 떨어지는 것을 내가 보았노라"고 말씀하셨다(눅 10:18). 분명히 예수님은 제자들로 말미암아 귀신들이 축출되는 것을, 사단이 갈보리 언덕에서 패배하고 땅 위에 번개같이 떨어질 징조로 보셨던 것이다.

사단과 귀신에게는 그리스도인을 능가하는 합법적인 권리가 없다. 따라서 귀신들은 예수께서 위임하신 권세를 알고 사용하는 그리스도인에게 완전히 복종할 수밖에 없다.

경험이 없는 사람도 귀신 축출을 행해야 하는가?

새로운 일을 하는 사람은 확실히 그 일에 경험이 없는 사람이다. 그러나 경험은 그 새로운 일을 행함으로 축적된다. 나는 처음 귀신 축출 사역을 행했을 때 완전히 무경험자였다. 그리고 나는 어렵게 이 사역을 체득했다.
행하지 않고 어떻게 숙달될 수 있겠는가? 전혀 실수함 없이 훌륭한 일을 완수한 사람은 한 사람도 없다.

예수님은 제자들에게 경험이 쌓일 때까지 기다리라고 말씀하시거나 모든 함정들을 깨달을 때까지 기다리라고 말씀하지 않으셨다. 예수님은 제자들에게 귀신 축출 사역을 행하라고 말씀하셨다. 그리고 제자들은 그렇게 했으며 실제로 귀신이 쫓겨났다.

귀신 축출 사역에 소수의 사람들이 관심을 보이고 있는데, 이들은 이 사역을 어떻게 행하는지 전혀 알지 못하고 덤벼드는 무경험자들이지만 대단한 열성을 가지고 있다. 초심자들은 일반적으로 귀신을 쫓아내지 못하고 혼란만 일으킨다. 그들은 단지 귀신들을 동요시키기만 할 뿐이다.

점점 더 많은 사람들이 귀신 축출 사역을 행하고 있으며 이에 대한 몇 가지 유용한 양서들이 출판되고 있지만, 나는 초심자들이 더욱 숙련된 사람들과 함께 이 사역을 행함으로써 격려받아야 한다고 생각한다. 초심자들은 좀더 숙련된 사람들의 가르침을 겸손히 받아들여야 한다.

귀신 축출을 원하는 사람들은 우리의 주일 저녁 예배가 끝난 다음에 종종 기도실로 온다. 최근에 나는 기도실에 두 명의 초심자들이 와서, 어린 소녀에게 귀신 축출 사역을 행하는 숙련된 장로를 밀어내고 그들이 이 사역을 행하는 상황을 목격하였다. 그들은 그녀에게 "살인 귀신"이 들렸다고 말한 다음에 "살인 귀신아 나오라"고 명령하였으며, 자신들이 이 귀신을 "식별"하지 않았더라면 그녀가 어느 날 누군가를 죽였을 것이라고 알려 주었다.

일반적으로 모든 귀신 축출은 인격적인 죄 고백으로 시작되어야 한다. 참된 성령의 은사는 죄의 고백과 자기 부인(自己否認)을 대신하지 않는다. 만일 고통받고 있는 어떤 사람이 속박에서 벗어나기 위하여 나에게로 온다면, 그는 자신의 특별한 필요를 표현할 것이다. 그러면 나는 그를 격려하여 되도록 가장 간단한 말로 그가 필요로 하는 것이 무엇인지를 말해 보라고 권유한다. 그리고 죄의 고백이 영혼에 유익하다고 항상 상기시킨다.

"사소한 죄들" 뿐만 아니라 동성연애 행위와 간통, 우상 숭배와 같은 죄악들도 고백해야 한다. 이 죄악들은 기도로써 사함을 받아야만 한다. 하나님의 용서를 구하는 것은 속박에서 벗어나기 위해 반드시 필요하다. 만일 그런 죄를 지은 사람이 죄를 지적받았을 때 너무도 당황한 나머지 자신의 죄악을 인정하지 않는다면, 그는 귀신 축출하는 일에 자신을 온전히 내맡기려고 하지 않게 된다. 고백은 치유하는 데 도움이 된다.

초심자는 그런 사람에게 잘못을 말해 주기 위해 성령의 은사에 의지해야 한다는 것이 매우 흥분되는 일임을 알게 된다. 그러나 우리는 귀신 축출 사역을 할 때마다 성령의 마음을 가져야지, 자주 오류에 빠지는 우리 자신의 마음을 의지해서는 안 된다. 우리는 사람들이 진지하게 "주께서 내게 말씀하셨다"고 말하는 것을 듣곤 한다. 그러나 초심자들 중에서, 하나님의 영으로 말미암지 않고 교만한 인간의 생각으로 이런 말을 하는 경우가 왕왕 있다.

나는 어떤 장로를 기억하고 있는데, 그는 자신의 처제가 그날 밤에 죽게 된다고 주께서 자신에게 계시하셨다고 선언했다. 그때가 지금부터 15년 전이었다. 그 장로는 그 선언을 한 후 몇 년 있다가 죽었다. 그러나 그의 처제는 아직도 살아 있다.

또 어떤 사람은 주께서 재림하실 때까지 자신이 살아 있을 것이라고 하나님께서 계시하셨다고 했다. 그러나 그는 그렇게 말한 후 10년 정도 더 살다가 죽었다. 어찌하여 사람들은 이러한 말들을 하는가?

나는 초심자들이 귀신 축출 사역을 행하는 것을 용납해야 한다고 생각한다. 또한 나는 초심자들이 경험이 더 많은 사역자들을 기꺼이 도와서 이 사역을 행해야 한다고 생각한다.

불행하게도 어떤 전도자들은 "귀신 축출"을 해 보려고 어떤 사람에게 "귀신을 씌움"으로써 자신의 사역을 한다. 고통받고 있는 사람은 자신에게 어떤 귀신이 들렸는지를 식별하는 "계시"가 성령으로 말미암았는지 아니면 교만한 인간의 마음에서 말미암았는지를 전혀 알지 못할 것이다. 그러나 귀신 축출을 행하는 사람의 모든 생각이 광적인 인간의 마음(악의적인 것은 아니다)에서 비롯될 경우에, 그는 자살 귀신이나 살인 귀신이나 암 귀신을 고의로 설정하고 귀신 축출 사역을 행한다. 그리고 그리스도인들은 이러한 사역을 믿음으로 받아들이고 감사하고 있는 실정이다.

귀신 축출 사역에 대해서 경험이 없는 사람들은 귀신을 자극하여 날뛰게 한다. 그들은 귀신을 축출하기 위하여 그들이 지닌 권세를 어떻게 사용해야 하는지 알지 못한다. 나는 이러한 처지에 있는 초심자들을 무수히 도와 왔으며, 귀신들에게 "장난"을 그만두고 일을 벌이지 말라고 명령하곤 하였다.

귀신들이 일으키는 기괴한 현상을 다루는 방법을 아는 길은 오로지 경험의 축적뿐이다. 초심자들은 귀신 축출 사역을 행하는 능숙하고도 성숙한 그리스도인들과 함께 사역함으로써 이러한 경험을 축적하려고 노력해야 한다.

그리스도인은 성령 세례를 받기 전에 다른 사람들에게 들린 귀신들을 축출하려고 해도 되는가?

우리는 성령이 우리 마음 속에 흘러 들어감으로써 "방언"이 터져 나와 성령의 임재를 나타낸다고 말한다. 나는 이러한 가정 하에 이번 질문에 대답하고자 한다.

우리는 귀신 축출의 실행이 오순절 성령 강림 이후에 행해진 것이 아니라는 사실을 명심해야 한다. 70인 제자들은 귀신 축출을 행했으며 그들 스스로도 무척 놀랐다(눅 10:1~20 참조). 성령께서 아직 임재하시지 않았음에도 불구하고 그들은 그리스도께서 위임하신 권능으로 귀신 쫓아내는 일들을 했다.

그러므로 거듭난 그리스도인이 귀신들을 축출할 수 있다는 것은 명백한 사실이다. 전체 교회를 향한 그리스도의 지상 명령은 모든 신자들이 귀신들을 축출해야 한다는 말씀으로 시작된다.

"믿는 자들에게는 이런 표적이 따르리니 곧 저희가 내 이름으로 귀신을 쫓아내며 새 방언을 말하며 뱀을 집으며 무슨 독을 마실지라도 해를 받지 아니하며 병든 사람에게 손을 얹은즉 나으리라"(막 16:17, 18).

귀신 축출 사역은 선별된 소수의 사람들이나 성령 충만함을 받은 사람들에게만 제한되지 않는다. 오히려 이 사역은 그리스도의 몸인 모든 성도에게 해당된다. 물론 어떤 사람들은 귀신 축출 사역을 지도하고 가르치는 사람이나 그 밖의 다른 사역을 하는 사람이 될 것이다.

나는 성령 세례가 대수롭지 않다고 평가하고 있는 것이 아니다. 나는 그리스도께서 신약 시대의 모든 성도들이 방언하는 것뿐만 아니라 다른 성령의 은사들도 행하도록 계획하셨다고 믿는다.

다음 성경 구절에서 귀신 축출은 이적을 행하는 은사와 동일시되고 있다.

"요한이 예수께 여짜오되 선생님 우리를 따르지 않는 어떤 자가 주의 이름으로 귀신을 내어쫓는 것을 우리가 보고 우리를 따르지 아니하므로 금하였나이다 예수께서 가라사대 금하지 말라 내 이름을 의탁하여 능한 일을 행하고 즉시로 나를 비방할 자가 없느니라"(막 9 : 38, 39).

그러므로 겸손한 그리스도인(더욱 겸손할수록 더 좋다!)이라면 누구나 귀신들을 축출할 수 있고 또 그렇게 해야 한다. 그럼으로써 이적을 행하게 된다. 만일 거듭난 그리스도인이 이러한 이적을 행할 수 있다면, 그가 성령 충만 받았을 때 행하는 이적들은 그 얼마나 굉장하겠는가!

오늘날의 교회는 아주 연약하고 무기력한 상태에 있다. 그리하여 무력한 수많은 교회 "지도자들"은 이 명백한 가르침에 당황하고 있는 실정이다. 그들은 우리 시대에 점증하고 있는 귀신의 활동에 감연히 맞서지 않고 신학 공식들과 터무니없는 섭리론 뒤로 숨고 있다. 그리고 그들은 자신들의 교단에서 이적이 발생하지 않는다면 다른 교단에서도 이적이 발생할 수 없으며 발생해서도 안 된다고 생각한다.

거듭난 그리스도인은 자신이 취할 수 있는 하나님의 모든 권능을 소망해야 한다. 그리스도인은 성령 충만을 받아야 할 뿐만 아니라 귀신 축출 사역을 해야 한다. 그리고 이 사역을 교회에서 떨어져 나와서 하지 말고 장로들의 인도와 지시 하에서 해야 한다.

영적 지도자가 없는 사람은 그 누구도 귀신 축출 사역에 관여해서는 안 된다. 그리고 남편을 자신의 머리로 인정하지 않거나 자녀에게 순종을 가르치지 않는 기혼 여성도 이 초자연적 영역에 발을 들여놓아서는 안 된다. 귀신 축출은 강력한 사역이다. 그리고 이 사역은 하나님의 뜻에 따라 순종하며 살아가는 사람들을 필요로 한다.

성공적인 귀신 축출을 위하여 금식은 필수적인가?

아니다. 금식은 필수적이지는 않다. 그러나 특정한 상황에서 금식은 귀신 축출에 도움을 줄 것이다. 귀신 축출의 시도가 실패로 돌아간 것이 기도와 금식의 부족 때문이었다고 언급하고 있는 다음 성경 구절을 살펴보자.

> "저희가 무리에게 이르매 한 사람이 예수께 와서 꿇어 엎드리어 가로되 주여 내 아들을 불쌍히 여기소서 저가 간질로 심히 고생하여 자주 불에도 넘어지며 물에도 넘어지는지라 내가 주의 제자들에게 데리고 왔으나 능히 고치지 못하더이다 … 이에 예수께서 꾸짖으시니 귀신이 나가고 아이가 그 때부터 나으니라 이 때에 제자들이 조용히 예수께 나아와 가로되 우리는 어찌하여 쫓아내지 못하였나이까 가라사대 너희 믿음이 적은 연고니라 진실로 너희에게 이르노니 너희가 만일 믿음이 한 겨자씨만큼만 있으면 이 산을 명하여 여기서 저기로 옮기라 하여도 옮길 것이요 또 너희가 못할 것이 없으리라 (기도와 금식이 아니면 이런 유가 나가지 아니하느니라-난외 주 참조)"(마 17:14~16, 18~21).

영어 성경 흠정역(King James Version)은 이 소년을 간질병 환자로 묘사한다. 현대 의학 용어로 이 소년의 질환을 무엇이라고 부르든지 간에 이 소년은 자주 불에도 넘어지고 물에도 넘어졌다. 그는 간질의 발작으로 시달려 왔다. 제자들은 최선을 다해서 기도했다. 그러나 그들은 능력이 부족하여 그 소년을 치유하지 못했다.

예수께서 귀신을 "꾸짖으시니" 간질을 일으킨 귀신이 그 소년에게서 나갔다. 제자들은 무척 당황했으며 자신들이 왜 성공하지 못했는지 은밀히 예수께 여쭈었다.

예수님은 제자들의 불신앙 때문에 귀신 축출이 실패했다고 응답하셨다. 제자들은 그 소년에게 들린 귀신을 쫓아내는 데 필요 불가결한 믿음을 지니고 있지 않았다. 그들은 두려워하였다. 우리 중에 대다수의 사람들은 제자들의 태도에 공감할 것이다. 우리도 이와 똑같은 체험을 얼마나 많이 하는지!

예수님은 "기도와 금식"(21절)으로만 이러한 부류의 귀신을 축출할 수 있다고 말씀하셨다. 마가복음 9장은 이 기사(記事)를 더욱 구체적으로 설명한다. 예수님은 그 소년의 아버지가 "내가 믿나이다 나의 믿음 없는 것을 도와주소서"(막 9:24)라고 부르짖을 때까지 귀신을 쫓아내지 않으셨다. 소년의 아버지의 이러한 부르짖음은, 이적이 행해지기 전에 이적을 구하는 자에게 믿음이 있어야 한다는 사실을 보여 준다.

금식에 대한 언급은 성경에서 드물게 거론되는 것들 중 하나인데, 본문에 기록된 "금식"이라는 용어는 과거에 성경 사본을 필사한 어떤 수도사가 삽입했던 것으로 추정된다. 그 수도사는 아마도 자신의 사상에서 추론하여 본문의 난외(欄外)에 이 용어를 주석으로 기입하였을 것이다. 그러나 그 후의 사본 필사자는 본문 속에 이 용어를 삽입하였다. 그래서 대다수의 성경학자들은 21절을 문제 구절로 다루고 있다.

만일 21절을 생략한다면, 우리는 귀신들이 축출될 수 없었던 진정한 이유가 제자들의 불신앙이었다는 결론을 이끌어낼 수 있을 것이다. **나는 귀신 축출의 실패 원인이 금식의 부족이 아니라 믿음의 부족이었다고 생각한다. 만일 귀신 축출을 구하는 각 사람을 위하여 금식을 행한다면, 우리에게는 귀신 축출을 받아야 할 수많은 사람들을 위하여 기도할 시간도 여력도 없을 것이다.**

이 글을 쓰기 직전에 나는 한 시간 정도 어떤 알코올 중독자와 상담했으며 그와 함께 기도했다. 알코올 귀신은 그에게서 확실히 축출되었다. 그러나 나는 이 귀신을 쫓아내기 위해 금식하지는 않았다. 나는 이 사역을 행하기 전에 간단한 식사를 했다. 내가 이렇게 말하는 것은 금식을 막고자 함이 아니다. 만일 어떤 사람이 귀신에게 속박되어 있고 귀신 축출을 원한다면, 그가 기도를 요청하러 오기 전에 한두 끼 정도 거르거나 가벼운 금식을 하는 것도 좋다.

금식은 귀신 축출을 위하여 "하나님께 강제로 요구하는 행위"도 아니며 "인색한" 하나님에게서 귀신 축출을 얻어내는 수단도 아니다. 금식은 치유받고자 오는 탄원자의 열성과 진실함을 주님께 보여 주는 것이다. 금식은 사람의 영혼이 육체보다 강하게 되기를 열망한다는 사실을 증거한다. 또한 육신을 부정하는 것은 질병의 배후에 있는, 귀신 축출을 저해하는 죄악된 육체를 약화시킨다.

중세 시대 수도사들에게 금식은 아주 널리 행해졌다. 금식은 공덕을 쌓는 행위였으며, 더 많은 금식을 행하는 것이 의무나 책무로 규정되었다. 그러나 종교개혁 시대에 마르틴 루터(Martin Luther)는 예수께서 주시는 자유를 얻기 위하여 수백 명의 수도사들과 함께 수도원을 떠났으며 금식을 비롯한 덕행의 실천을 포기하였다. 금식을 행한다고 해서 모두 다 율법주의에 매어 있는 것은 아니다. 그러나 우리는 금식할 때 성령의 인도하심을 따라야 한다.

예수님의 제자들은 금식하지 않았으므로 바리새인들에게 비난받았다. 제자들의 자유는 바리새인들의 율법주의와 대조적이었다. 즉, 바리새인들은 자주 금식하였지만 제자들은 전혀 금식하지 않았던 것이다. 이것은 행위로 자기 의(義)를 나타내는 전형적인 경우였음이 명백하다. 예수님은 신랑이 함께 있는 동안 금식이 전혀 필요없다고 바리새인들에게 말씀하셨다. 그러므로 우리는 다음과 같이 우리 스스로에게 물어야 한다.

"참으로 우리는 신랑이신 그리스도와 함께 있는가?"

의심할 나위없이 어떤 사람이 귀신 축출받고 있는 상황에서 금식하는 것은 바람직하다. 그러나 일반적으로 그리스도인이 속박당하고 고통받는 사람들을 위하여 기도하기 전에 금식하는 것이 필요 조건은 아니다.

그리스도인은 귀신들을 지옥으로 추방할 권세를 지니고 있는가?

이 질문은 아주 빈번하게 제기되는데, 이는 아마도 귀신들이 다시 문제를 일으키지 못하도록 영적인 "쓰레기장" 같은 곳에 가두고 싶은 그리스도인들의 소망을 반영하는 질문일 것이다. 또한 많은 사람들은 귀신들이 자신들에게서 나간 다음에 어디로 가는지 질문한다. 이제 이 두 가지 질문에 대답하고자 한다.

성경 어디에도 귀신들이 쫓겨난 후 지옥으로 되돌아간다고 알려 주는 구절은 없다. 그리고 실제로 이와는 정반대의 사실이 성경에 나와 있는 것 같다. 가다라 지방의 귀신 들린 사람에 대한 기사에서, 귀신들은 근처에 있는 돼지 떼에게로 보내 주십사고 예수께 간청했다. 왜냐하면 귀신들은 예수께서 그들의 때가 이르기 전에 그들을 고통에 처하게 하실 수 있다는 사실을 두려워했기 때문이었다(마 8:28~34 참조).

우리는 귀신들의 궁극적인 고통이 음부(陰府)로 추방되는 것이라고 추론할 수 있다. 귀신들은 음부가 "마귀와 그 사자들"(마 25:41)에게 예비되어 있다는 것을 알고 있었다. 그러나 그들이 귀신 들린 사람 속에 있는 한, 그들은 음부로 쫓겨날 염려가 없었다. 귀신들은 예수님이 누구신 줄 알았을 때에 자신들의 궁극적인 파멸이 임박했다는 사실을 알고 두려워하였다. 그래서 그들은 다른 최선의 대안, 즉 돼지 떼에게로 들어가게 해 달라고 요청하였다. 귀신들이 들어간 돼지 떼는 벼랑에서 떨어져 물에 빠졌다. 귀신들은 더 나은 대안을 예수께 제시할 수도 있었을 것이다. 그러나 이것은 기실 귀신들이 그 얼마나 어리석은지를 입증한다.

성경에 따르면 사단과 귀신들의 운명은 결정되어 있다.

"또 저희를 미혹하는 마귀가 불과 유황 못에 던지우니 거기는 그 짐승과 거짓 선지자도 있어 세세토록 밤낮 괴로움을 받으리라"(계 20:10).

예수께서 종말시에 최종적인 사역을 완수하실 때까지 귀신들은 이 세상에 거할 어떤 "정당한" 권리를 가지고 있다. 귀신들은 세상에 머물러 있는 동안에 언제나 자신들의 더럽고 사악한 본성을 나타낼 수 있는 매개물인 인간과 동물의 육체에 들어가고자 갈망할 것이다. 이것이 귀신들이 이 세상에 머물러 있는 이유이다.

사단은(비록 예수께 패배당했을지라도) 이 세상을 자신의 영토로 보유하고 있다. 그리고 사단은 이 세상을 자신의 왕국이라고 여전히 주장한다. 따라서 사단은 예수님을 시험할 때에 순식간에 천하 만국을 예수께 보여 주며 이렇게 말하였다.

"이 모든 권세와 그 영광을 내가 네게 주리라 이것은 내게 넘겨 준 것이므로 나의 원하는 자에게 주노라"(눅 4:6).

사도 바울 또한 사단을 "이 세상 신"(고후 4:4)이라고 부른다.

가다라 지방의 귀신 들린 사람에게서 떠난 광기의 귀신들은 자신들이 즉시 지옥에 떨어지지 않았을지라도 끔찍한 운명에 직면해 있다는 사실을 알았다.

예수님은 더러운 귀신이 어떤 사람에게서 축출되었을 때에 어떤 일이 일어나는지를 제자들에게 가르쳐 주셨다.

"더러운 귀신이 사람에게서 나갔을 때에 물 없는 곳으로 다니며 쉬기를 구하되 얻지 못하고 이에 가로되 내가 나온 내 집으로 돌아가리라"(눅 11:24).

귀신들은 자신들이 축출된 육신으로 다시 들어가고자 하거나 또다른 육체에 거하기 위하여 이리저리 방황할 것임에 틀림없다. 귀신 들린 사람이 죽었기 때문에 그 사람에게서 떠날 수밖에 없었던 귀신들은 그 사람이 살았던 건물에 계속 거주해 있거나 그곳에 자주 출몰한다. 그 집에 살고 있는 식구들과 방문객들은 이 귀신들의 활동을 듣거나 볼 것이며 그들이 그곳에 존재한다는 것을 느낄 것이다.

어떤 그리스도인 가정이 몇 년 전에 온타리오의 오샤와에 있는 집으로 이사하였다. 그 집은 귀신들이 출몰하는 집으로서 새로운 집 주인이 나를 불러 귀신들을 축출할 때까지, 귀신들은 현관을 오르내리거나 문들을 여닫곤 하였다. 이러한 경우에 귀신 축출 사역은, 그 집 각 방과 벽장 안에서 귀신들이 들을 수 있도록 30분씩 예수의 보혈을 간구한 다음에 예수의 이름으로 큰 소리로 귀신들의 축출을 명령한다. 우리는 이렇게 행하였다. 그러자 더 이상 아무런 문제도 발생하지 않았다.

이 귀신들은 어디로 가는가? 물론 귀신들은 축출당한 즉시로 자신들이 거주할 수 있는 다른 사람을 찾아다닐 것이다. 귀신들은 인간 안에 거할 수 있는 한 행복하다. 그리고 귀신들은 극단적인 수단을 사용하여 그 사람을 부추겨 범죄케 할 것이다. 사단은 예수님을 팔도록 가룟 유다를 시험하였다. 그런 다음 가룟 유다에게로 들어갔다. 따라서 사단의 방책의 첫째는 시험이요, 그 다음에는 시험에 실족한 사람을 굴복시키는 것이다. 여기에서 실족하고 굴복한 사람은 기도를 통해 자유케 될 때까지는 계속 속박당한 상태에 있다.

강신술사들 중에서 일부 사람들은 아주 기괴한 가르침을 펴는

데, 그들의 가르침에 따르면, 사후(死後)에 인간이 갈 수 있는 "일곱 장소"가 있다고 한다. 이러한 가르침은 귀신들이 실제로 이 세상(지상과 공중)에 머물러 있으며 "지상에 매어" 있다는 사실에 따른 것이다.

강신술사들(죽은 자들과 의사 소통을 하는 사람들)이 암암리에 신봉하고 있는 이 가르침은 귀신들에게서 유래한 것이다. 지옥에서는 귀신들이 사람의 육체 속에 거하여 스스로를 나타낼 수 없다. 성욕의 귀신이 지옥에서는 이용할 육체가 없다는 것을 상상해 보라! 이러한 사실이 귀신에게는 그야말로 지옥이 될 것이다.

귀신에게 조정을 당하고 이를 결코 회개하지 않는 사람은 영원토록 끔찍한 심판 아래 처하게 될 것이다.

"그러나 두려워하는 자들과 믿지 아니하는 자들과 흉악한 자들과 살인자들과 행음자들과 술객들과 우상 숭배자들과 거짓말하는 자들은 불과 유황으로 타는 못에 참예하리니 이것이 둘째 사망이라"(계 21 : 8).

불과 유황으로 타는 못, 즉 지옥은 사람들에게 예비된 것이 아니라 마귀와 그의 사자들에게 예비된 것이었다. 그러나 만일 어떤 사람이 계속해서 이 더러운 귀신들 중 하나에게 자신의 일생을 지배하도록 허용한다면, 그는 귀신들과 함께 그들이 갈 수

밖에 없는 똑같은 장소로 가게 될 것이다.

예수님은 그분의 발치에 엎드린 고통받는 영혼에게 죄 사함과 귀신 축출을 베풀어 주셨다. 그리스도께서는 가다라 지방의 귀신 들린 자로 하여금 내세에서의 천국 영광을 누리게 하려고 그를 자유케 하셨다. 그 사람은 지옥에 갈 수도 있었을 것이다. 그러나 그는 자신의 죄악과 가증스런 상태를 회개하였다. 장래에 지옥으로 가야 할 대상은 그 사람이 아니라 그 사람에게 들렸던 귀신들인 것이다. 그는 더 이상 귀신들에게 속박당하지 않았다. 그는 영원토록 하나님의 자녀가 될 것이다.

"평강의 하나님께서 속히 사단을 너희 발 아래서 상하게 하시리라"(롬 16:20)는 바울의 말의 의미는 무엇인가?

"속히"라는 말은 "신속하게"라는 뜻이다. 바울이 로마 교회 교인들에게 가르친 것은 다윗이 골리앗의 칼을 빼앗아 재빨리 골리앗의 머리를 벤 것처럼 로마 교인들도 재빨리 사단의 머리를 짓밟기를 기대해야 한다는 것이었다. 다윗의 완성이신 예수님은 거짓말하는 자인 사단에게서 무서운 "칼"을 빼앗으셨으며 우리의 입 안에 또다른 "칼", 즉 하나님의 말씀을 넣어 주셨다.

인간의 타락 이후에 하나님은 여자의 후손이 뱀의 머리를 상하게 할 것이라고 예언하셨다(창 3:15 참조). 사도 바울은 자신의 은유적 표현을 이 옛날의 예언에서 빌어 왔다. 모든 그리스도인들은 그리스도 안에서 그들이 받은 권세를 사용하여, 아직은 죽지 않았지만 패배한 적인 사단의 목을 밟고 무력하게 만들 수 있다.

예수(여자의 후손)께서 사단의 머리를 상하게 하셨을 뿐만 아니라 예수님의 신부(교회)의 후손인 우리들도 날마다 예수의 이름으로 사단의 머리를 상하게 할 수 있다.

그리스도인들은 다음의 약속을 주장해야 한다.

"네가 사자와 독사를 밟으며 젊은 사자와 뱀을 발로 누르리로다"(시 91 : 13).

그러나 이 약속을 믿고 행한 사람은 극소수에 불과했다. 의심할 나위없이 로마 교회 교인들은 사단의 능력을 두려워하였다. 그러나 사도 바울은 참으로 로마 교인들이 정상적이고도 일상적인 믿음의 실천으로써 사단을 발로 밟을 것이라고 그들에게 약속하였다.

사단과 그의 사자(使者)들이 우리 발 아래 있다면, 그들이 우리 마음이나 육신을 공격할 수 없다는 것은 명백한 사실이다. 따라서 이것이 그리스도인이 영적으로 건강한 상태로 있을 수 있는 유일한 자세이다. 우리를 위하여 사단과 귀신들을 밟아 줄 누군가를 의존하는 소심함과 어리석음을 갖지 않도록 주의하자. 성경 어디에서도 우리를 대신하여, 사단과 귀신들을 짓밟아 줄 존재가 있다는 말씀은 없다.

다른 그리스도인이 당신의 삶 속에 있는 귀신을 축출해 줄 수 있을 것이다. 그러면 당신은 그 귀신을 짓밟아야 한다. 만일 당신이 그렇게 하지 않는다면 귀신은 또다시 당신을 공격할 것이다.

이것이 예수께서 치유받은 중풍병자에게 "더 심한 것이 생기지 않게 다시는 죄를 범치 말라"(요 5:14)고 권고하신 이유이다.

로마서 16장 20절의 충분한 의미는 여호수아서 10장에 극적으로 표현되어 있다. 여호수아서 10장에서 기브온 족속을 멸망시키려고 결정한 다섯 왕들은 오히려 자신들의 멸망을 자초하였다. 기브온 족속은 진격하는 이스라엘 백성들이 여리고 성과 아이 성을 멸망시킨 것을 목격하였다. 그래서 그들은 이스라엘에 투항하여 여호수아의 지도와 보호를 받고자 현명하게 결단하였다.

나중에 여호수아가 기브온 족속을 보호하기 위하여 신속하게 이동하여 다섯 왕들을 대적하였을 때, 하나님은 우박을 보내사 다섯 왕들이 인솔한 군사들을 멸하셨다. 다섯 왕들은 전쟁에서 패배했음을 깨닫고는 도주하여 동굴 속에 숨었다. 그러나 이 동굴은 그들의 무덤이 되었다.

"그 왕들을 여호수아에게로 끌어내매 여호수아가 이스라엘 모든 사람을 부르고 자기와 함께 갔던 군장들에게 이르되 가까이 와서 이 왕들의 목을 발로 밟으라 가까이 와서 그들의 목을 밟으매 여호수아가 군장들에게 이르되 두려워 말며 놀라지 말고 마음을 강하게 하고 담대히 하라 너희가 더불어 싸우는 모든 대적에게 여호와께서 다 이와 같이 하시리라 하고"(수 10 : 24, 25).

그 다음에 여호수아는 그 왕들을 쳐죽여 다섯 나무에 매달았다. 그리고 해 질 때에 이스라엘 백성들은 그 왕들의 시체를 나무에서 내려 그들이 숨었던 굴에 다시 던지고 굴 어귀를 큰 돌로 막았다.

영적인 영역에서 하나님은 자녀들이 귀신의 공격으로 실의에 빠지고 수치감을 느끼고 병들고 가난하고 굶주릴지라도, 귀신의 공격을 회피하지 않기를 원하신다. 귀신의 세력은 끊임없이 우리를 억압하려 하고 있다. 우리는 귀신들을 피하여 도망해서는 안 된다. 오히려 우리는 귀신들을 똑바로 직시하고 그들이 일으킨 문제를 단호하게 발로 밟아야 한다.

귀신 축출을 이해하지 못하는 사람들의 눈을 피하여 은밀하게 귀신 축출을 행해서는 안 되는가?

개개인을 대하는 최상의 방식은 그들을 각각 개인의 방에서 만나서 상담하는 것임이 분명하다. 이러한 방식은 또한 우리가 고통받는 자의 문제를 이해할 수 있도록 성령께서 우리를 도우시는 기회를 제공한다. 그들과 상담하고 그들의 말을 들은 다음에 귀신 축출을 위한 기도를 합의하고 기도할 수 있다. 그러면 귀신들은 곧 쫓겨날 것이다. 우리가 귀신 축출을 큰 소리로 행하든지 조용히 행하든지 간에 그것은 별로 중요하지 않다.

하지만 명백하게도 현실과 이상이 동떨어져 있는 경우가 비일비재하다. 우리는 빌립이 직면했던 상황과 유사한 상황에 직면할 경우에 어떻게 해야 하는가?

"빌립이 사마리아 성에 내려가 그리스도를 백성에게 전파하니 무리가 빌립의 말도 듣고 행하는 표적도 보고 일심으로 그의 말하는 것을 좇더라 많은 사람에게 붙었던 더러운 귀신들이 크게 소리를 지르며 나가고 또 많은 중풍병자와 앉은뱅이가 나으니"(행 8:5~7).

빌립이 야외로 나와서 그리스도를 백성에게 전파했을 때 귀신들은 큰 소리로 반항하기 시작했다.

이 경우에 빌립은 어떻게 행해야 했는가? 그는 시 의사당 안에 있는 어떤 방에서 귀신 들린 사람들을 만나야 했는가? 그는 귀신 들린 사람에게 잠잠하라고 말하였는가? 그는 한 사람 한 사람씩 별도로 만나서 상담과 기도를 구분해서 행해야 했는가? 이렇게 행하는 것은 확실히 불가능했다. 그리고 빌립이 성경에 묘사된 바와 같이 행한 것은 대중을 대상으로 행하는 귀신 축출 사역에서 필요 불가결하였다.

우리가 살고 있는 이 시대는 귀신들이 아주 엄청나게 활동하고 있는 시대이다. 그래서 우리는 이러한 귀신들의 활동과 부딪치며, 공공연하게 귀신들을 꾸짖어 그들을 결박하고 축출을 명령한다. 나는 동시에 수백 가지 귀신들을 축출해야 할 경우에 공개적인 귀신 축출 사역을 행한다.

나는 귀신 축출 사역을 공개적인 장소에서 행하는 것이 두려운 일이라고 생각하는 사람들을 만난 적이 있다. 그러나 수백 명의 사람들이 억압에서 벗어나고자 할 경우에 우리의 대안은 무엇이란 말인가? 너무나도 많은 사람들이 귀신 축출을 구하고 있기 때문에 은밀하게 한 사람씩 귀신 축출을 행하는 것이 불가능할 경우가 비일 비재하다.

우리는 온타리오 스카보로에 위치한 우리 교회에서 이러한 문제를 해결하고자 분투했다. 부목사와 장로들과 숙련된 귀신 축출 사역자들은 저녁 예배가 끝난 후에 기도실로 모인다. 그곳으로 사람들이 찾아온다. 그 중에서 일부 사람들이 은밀하게 귀신 축출의 필요성을 고백하는 동안에 다른 일부 사람들은 상담을 받는다. 그때에 우리는 그들에게 죄악된 생활을 포기하고 모든 죄에서 영원히 떠나도록 이끈다.

그런 다음 우리는 예수의 이름으로 공개적으로 귀신들을 꾸짖는다. 그 동안에 사역자들은 함께 모여서 합심 기도를 한다. 나는 난처한 일들이 발생하거나 귀신들이 완강하게 저항하고 자기를 과시하려는 경우들을 해결하고 돕는다. 사람들은 주일 저녁마다 행하는 귀신 축출을 받고 성령의 충만함을 받는다.

나는 공개적인 귀신 축출 사역에서 발생할 수도 있을 혼란을 피할 다른 방법을 알지 못한다. 만일 혼란이 발생한 장소에 숙련된 사역자들이 없다면, 우리는 할 수 있는 모든 능력을 동원하여 그 혼란을 해결해야만 한다. 귀신 축출은 복음 전파의 부가물이 아니라 복음의 핵심이다.

예수님은 마귀의 궤계를 파괴하고 포로 된 자들을 자유케 하려고 이 세상에 오셨다. 만일 우리의 교회들에 여전히 귀신에 속박되어 있는 사람들이 있다면, 우리는 그리스도의 지상 명령을 완수하고 있지 않는 것이다. 예수님은 믿는 사람들에게 다음의 표적이 따를 것이라고 말씀하셨다.
"저희가 내 이름으로 귀신을 쫓아내며"(막 16:17).

귀신 들린 사람을 자유케 하기 위하여 반드시 많은 시간을 소모해야 하는가?

귀신 축출 사역 초기에 우리는 때때로 영리한 귀신들의 속임수에 넘어가, 반항하는 귀신들을 조금 동요시키는 데에도 수많은 시간과 정력을 소모하였다. 어떤 사람들은 밤새도록 귀신 축출 사역을 하여 기진 맥진해졌으면서도 귀신 축출을 완수하지 못하기도 한다. 사단은 성도들을 지치게 하는 방법을 알고 있다.

그러나 때로는 아주 오랫동안 귀신 축출을 행해야 할 경우도 있다. **고통받는 사람이 그릇된 동기를 가지고 귀신 축출을 구하는 경우에 흔히 귀신들은 거의 축출되지 않는다.** 귀신들은 그 사람을 차지하게 된 "합법적인 권리"를 주장한다. 그 사람은 귀신으로 틈을 타게 했으며 주님을 온전히 섬기고자 하지 않았기 때문에 귀신 들린 것이다.

어떤 사람은 귀신을 대단히 동요시키지만 축출에는 실패한다. 그 사람이 행한 모든 것은 귀신을 동요시켜 발작케 할 뿐이지 쫓아내지는 못한다. 귀신은 그 사람을 가지고 놀며 그 사람으로 하여금 미로에 빠져 있다고 확신시키려고 몇 시간 동안 환상을 연출한다. 이러한 상황에 맞닥뜨리게 된다면 그때에 나는 즉시 주도권을 잡고 귀신에게 잠잠하고 그 사람에게서 어서 나오라고 명령한다. 이럴 경우에 대개 귀신은 떠나간다.

귀신 축출을 시작하기 전에 귀신에게 속박당한 사람이 실제로 주님을 섬기기 원하는지의 여부를 식별하라. 그리고 자신의 죄악들을 고백했는지 여부를 확인하라. 고통받는 사람은 무엇보다도 먼저 귀신이 들어가도록 허용한 자신의 죄와 연약함에 대하여 사함을 구해야 한다.
오랫동안 질질 끄는 귀신 축출 사역은 성경적인 귀신 축출 사역이 아니다. 만일 내가 몇 분 내로 긍정적인 결과를 이루어낼 수 없다면, 나는 사역을 중단하고 그 사람이 진실한 마음으로 귀신 축출을 원하는지 물어 볼 것이다.

예전에 어떤 여성은 아내와 나에게 자신이 레즈비언(동성연애자)이라고 했다. 우리는 그녀의 죄가 성경에서 몹시 가증스러운 것으로 규정되어 있으므로 주님의 죄 사함을 구하여 그 죄를 사함 받으라고 간절하게 권유하였다. 그러나 놀랍게도, 그녀는 자신의 체험이 너무나도 아름답다고 느꼈으므로 죄 사함을 원치 않는다고 자백하였다. 이 여성은 자신의 죄로 인한 질환이 낫기 원하였을 뿐이지 죄 사함 받으려고는 하지 않았다. 이럴 경우에는 아무리 많은 기도를 하여도 그녀 안에 있는 불결한 귀신을 동요시키지도 못할 것이 확실하다. 이 귀신은 그녀 안에 머물러 있으면서 자신의 불결한 본성을 드러낼 권리를 갖게 되었다.

어떤 사람이 귀신 축출받을 준비가 되어 있고 기꺼이 귀신 축출을 원할 경우에는 기도하는 시간에 무척 힘이 날 것이다. 그러나 그가 귀신 축출을 원하지 않을 경우에 당신은 승리할 가능성이 없는 전쟁을 하기 때문에 힘만 소모하게 될 것이다.

또한 우리는 어떤 사람에게 둘 이상의 귀신이 들려 있을 경우에 더 많은 시간이 요구된다는 사실을 명심해야 한다. 한 가지 귀신에게서 놓임 받은 사람에게 또다른 귀신이 나타날 수도 있다. 이럴 때 당신은 두세 번 혹은 그 이상으로 거듭 귀신 축출을 행해야만 한다.

그리스도인들은 귀신 축출하기 전에 귀신들에게 이름을 밝히라고 강요해야 하는가?

이 질문보다도 더 근본적인 질문이 제기되어야 한다. 즉, 당신은 귀신이 말하는 것을 진실이라고 믿을 수 있는가? 만일 당신이 귀신을 쫓아내기 위하여 귀신에게 이름 밝힐 것을 요구해야만 한다면, 귀신은 당신에게 자신의 가짜 이름을 하나씩 대면서 시간을 지연시킬 것이다.

많은 사람들이 이러한 방식으로 귀신 축출 사역을 행하는 것이 올바른 방법이라고 생각하고 있다. 그 사람들은 먼저 귀신의 이름을 알 때까지 귀신 축출을 전혀 행하지 않는다. 이러한 생각은 예수님의 공생애에서 나타난 한 가지 사건, 즉 예수님이 가다라 지방의 귀신 들린 사람과 만났던 사건에 근거를 두고 있다.

이 사건은 공관복음서에 다 기술되어 있지만 누가복음만 살펴보는 것으로 충분할 것이다. 예수님은 이미 더러운 귀신을 명하사 그 사람에게서 나오라 하셨다. 그 후에 다음 구절은 이렇게 나와 있다.
"예수께서 네 이름이 무엇이냐 물으신즉 가로되 군대라 하니 이는 많은 귀신이 들렸음이라"(눅 8:30).

이것은 예수님이 귀신의 이름을 물어 보신 것이 아닌가? 그러나 다시 살펴보자. 나는 예수께서 귀신의 이름을 물어 보셨다고는 생각하지 않는다. 당신은 누가가 귀신 들린 사람을 언급할 때 단수 3인칭 대명사("그가" 또는 "그를")를 사용한다는 사실을 주목해야 한다. 다음 구절을 면밀하게 살펴보자.

"(그가) 예수를 보고 부르짖으며 그 앞에 엎드리어 큰 소리로 불러 가로되 지극히 높으신 하나님의 아들 예수여 나와 당신과 무슨 상관이 있나이까 당신께 구하노니 나를 괴롭게 마옵소서 하니"(눅 8 : 28).

그러나 누가는 귀신들을 언급할 때 복수 3인칭 대명사("그들이" 또는 "그들을")를 사용한다. 다음 구절을 보라.

"(그들이) 무저갱으로 들어가라 하지 마시기를 간구하더니"(눅 8 : 31).

그렇다면 우리는 어떻게 결론 내려야 하는가? 당연히 예수님은 그 사람에게 "네 이름이 무엇이냐?"고 물어 보셨던 것이다. 예수께서 질문하신 대상은 그 사람이지 귀신들이 아니었다. 그리고 그 사람은 자신의 이름이 군대라고 말한 바로 그 사람이었다. 왜냐하면 그는 자신에게 엄청나게 많은 귀신들이 들려 있다는 사실을 확실하게 알고 있었기 때문이다.

성경 어디에서도 귀신들에게 무언가를 물어 보라는 가르침이 없으므로, 나는 우리가 귀신들에게 요구하여 그들의 이름을 알고자 하는 비성경적인 근거를 갖지 말아야 한다고 결론을 내리는 바이다.

나는 사역할 때에 귀신들에게 어떠한 정보도 받을 필요가 없다는 사실을 깨닫곤 한다. 더욱이 성령께서는 지식의 말씀으로 귀신의 이름과 본성을 자주 가르쳐 주실 것이다. 그리고 그때 우리는 귀신들이 거짓말할 기회를 갖기 전에 귀신을 축출한다.

귀신들은 항상 입을 통하여 축출되는가?

귀신 축출 사역에서, 귀신들이 항상 입을 통하여 축출된다는 일종의 신념이 형성되어 있다. 명백하게도 이러한 신념은 성경에 기술된 몇 가지 귀신 축출 사례(事例)들에 부분적으로 근거하는데, 이 몇 가지 사례들에서 귀신 들린 사람은 귀신이 축출될 때에 큰 소리를 질렀다. 이 신념은 오늘날의 귀신 축출 체험에도 부분적으로 근거하고 있는데, 귀신 축출을 받는 사람은 이 시간 동안에 구역질을 하며 실제로 이물질을 토해 낸다.

많은 귀신들이 축출당할 때에 이러한 행태를 수반한다 해도 (이러한 일이 발생해도 우리는 놀라지 않는다) 우리의 체험에 따르건대 이러한 일이 귀신 축출에서 고정된 패턴(pattern)인 것은 아니다.

우리는 귀신 축출 사역의 연륜이 쌓임에 따라, 발생할 수 있는 일에 대한 어떤 선입관조차 가질 수 없을 정도로 각각의 귀신 축출 사례가 각기 다르다는 사실을 깨닫고 있다. 많은 귀신들이 눈으로 볼 수 있는 행태를 전혀 나타내지 않고 떠나간다. 그래도 이러한 사례들에서 우리는 귀신이 떠나갔다는 심증을 굳힌다. 또한 귀신 축출받은 사람들도 마음의 깊은 평안을 누린다.

우리는 귀신이 연출하는 불쾌한 행태를 최대한 막아야 한다. 그러나 귀신들이 일으키는 몇 가지 양태는 피할 수가 없다. 하지만 단언컨대 우리는 귀신들이 모습을 나타내도록 조장해서는 결코 안 된다. 어떤 사람들은 잘못된 생각으로, 귀신에게 모습을 나타내라고 요구한다. 그러나 나는 귀신에게 잠잠히 나가라고 명령한다.

귀신 축출하는 동안 불쾌한 행태가 나타나기도 한다는데, 여기에는 어떤 것들이 있는가? 이러한 행태는 귀신 축출 과정에서 필요한가?

나는 귀신에게 시달리고 고통받는 사람들로 하여금 불쾌함을 예상하게 하여 귀신 축출받기를 주저하게 만드는 가르침은 그 어떤 것이든 경계한다. 만일 당신이 귀신들에게 시달림 받는다면, 당신을 괴롭히는 것을 제거하는 데 지체하지 말아야 한다. 만일 귀신 축출 과정이 불쾌감이나 혐오감을 준다면, 병원에서의 수술 과정 또한 불쾌하다는 것을 명심하라. 그러나 이러한 과정은 때때로 꼭 필요하다.

나는 최소한도의 불쾌한 모습을 지켜 보며 귀신 축출을 할 수 있었다. 예수의 이름으로 귀신을 결박하고 귀신에게 잠잠하고 나오라고 명령함으로써, 나는 대개 귀신이 연출하는 외적인 행태를 거의 보지 않았다.

그러나 예외도 있다. 어떤 경우에는 귀신 축출받는 사람이 몇 초 혹은 그 이상 몸을 떠는데, 이러한 행태는 일반적으로 귀신이 떠나기 원치 않는다는 사실을 가리킨다. 또다른 경우에는 귀신 축출받는 사람

이 마룻바닥을 구르기도 한다.
　벙어리 귀신 들린 소년이 예수님에게로 불려왔을 때 이런 일이 일어났다.

　　"귀신이 예수를 보고 곧 그 아이로 심히 경련을 일으키게 하는지라 저가 땅에 엎드러져 굴며 거품을 흘리더라"(막 9 : 20).

　명백하게도 그 소년은 귀신의 억압으로 생긴 간질병에 시달렸다. 예수님은 이 더러운 귀신을 꾸짖어 이렇게 말씀하셨다.

　　"벙어리 되고 귀먹은 귀신아 내가 네게 명하노니 그 아이에게서 나오고 다시 들어가지 말라"(막 9 : 25).

　다른 경우들에서 귀신은 축출될 때에 울거나 소리를 지르거나 심지어 비명을 지른다.

　　"귀신이 소리 지르며 아이로 심히 경련을 일으키게 하고 나가니"(막 9 : 26).

　　"예수께서 꾸짖어 가라사대 잠잠하고 그 사람에게서 나오라 하시니 더러운 귀신이 그 사람으로 경련을 일으키게 하고 큰 소리를 지르며 나오는지라"(막 1 : 25, 26).

비록 성경에 이렇게 묘사되어 있을지라도, 귀신 축출받기 위해서 귀신 들린 사람이 반드시 소리를 지르거나 비명 지를 필요는 없다. 귀신이 떠날 때 거침없이 스스로를 드러내기 때문에 불쾌한 모습들이 나타나는 것이다. 그러나 때때로 이러한 불쾌한 행태를 저지하고자 하는 노력에도 불구하고 어쨌든 그런 일이 일어나고 만다.

때로 우리는 극단적인 경우에 직면하기도 하는데, 그 경우에 축출당하는 귀신은 심한 재채기와 구역질과 구토를 하게 한다. 그러나 이러한 일이 일어나더라도 놀라고 당황하여 귀신 축출받는 사람에게서 물러서지 말아야 한다. 우리는 마지막 귀신이 축출될 때까지 계속 축출을 명하여 귀신을 결박해야 한다.

어찌하여 일부 사람들은 귀신들이 축출될 경우에 부분적인 귀신 축출만을 체험하는가?

사람들은 세 가지 이유 때문에 귀신에게서 완전히 벗어나지 못한다.

첫째로, 하나님은 귀신 들린 사람이 고백한(인정한) "한도"에서만 그 사람에게 들린 귀신을 축출하시기 때문이다.

만일 몇 가지 귀신에 들렸는데 그 중에서 단지 한 가지 귀신에 대해서만 고백한다면, 그 귀신만이 축출될 것이다. 내가 어떤 귀신 들린 사람을 위하여 기도할 때 성령께서는 종종 그 사람에게 들려 있는 또다른 귀신을 계시하신다. 그리고 이 귀신은 내가 그 이름을 부르고 꾸짖을 때 갑자기 반응을 보이며 쫓겨나간다.

때때로 사람들은 자신들의 삶의 모든 영역에서 귀신 축출을 받아야 한다는 사실을 깨닫지 못하기 때문에 완전히 자유케 되지 못한다. 성령께서는 며칠 혹은 몇 주 동안 귀신 축출받아야 할 영역들을 점진적으로 계시하실 것이다. 한편 때때로 우리는 지식의 말씀을 통하여 귀신들이 현존하고 있다는 사실을 발견하기도 한다.

둘째로, 사람들의 믿음이 연약하기 때문이거나 총체적인 귀신 축출 사역을 신뢰하지 못하기 때문이다.

사람들은 두려움 때문에 이 사역에 충분히 협력하지 않는다. 만일 격렬한 싸움 끝에 귀신을 쫓아내는 데 성공한다면, 우리는 그 사람을 격려하여 집으로 돌려보내고 그 사람이 축출받아야 할 다른 영역에서의 귀신들을 계시해 주십사고 하나님께 요청해야 한다. 이렇게 함으로써 그의 믿음은 깊어지며 그는 더 큰 열심으로 귀신 축출에 협력할 것이다. 그렇게 하면 첫번째 귀신 축출에서보다는 두세번째의 귀신 축출 결과가 더 좋을 것이다.

셋째로, 은혜 안에서 성장할 때도 마음 속에 잠재해 있는 온갖 연약함이 점점 더 확연하게 드러나기 시작할 때가 있기 때문이다.

예전에 그리 심각한 문제를 일으키지 않았던 성급한 기질이나 질투가 현재에는 우리의 신앙 생활을 망치려고 할 것이다. 나도 이러한 체험을 했다. 하지만 기도했을 때 그 귀신은 나를 떠나갔으며 다시는 되돌아오지 않았다.

우리 중에 대다수의 사람들은 형제나 자매에게 자신들을 위하여 기도해 달라고 요청하곤 한다. 스스로를 낮추고 다른 사람에게 순복할 때에 하나님은 우리 삶 속에 권능의 역사를 행하신다. 죄를 고백하고 기도를 요청하는 것은 무척 하기 힘든 일일지도 모르나 그런 겸손은 더 온전한 귀신 축출과 치유를 위한 열쇠이다.
"너희 죄를 서로 고하며 병 낫기를 위하여 서로 기도하라 의인의 간구는 역사하는 힘이 많으니라"(약 5:16).

만일 어떤 사람이 선의를 가지고 나에게 와서 "휘트 형제여, 주님께서 당신에게 (어떤) 귀신이 들려 있고 당신이 귀신 축출 받아야 한다는 사실을 나에게 보여 주셨소"라고 말한다면, 나는 그를 "미치광이"로 간주하여 내쫓는 일을 하지 않을 것이다. 오히려 나는 기쁘게 순복하고 그에게 이렇게 말할 것이다.
『그렇군요. 그렇다면 제가 귀신 축출받을 수 있도록 기도해 주십시오.』
만일 그의 "식별"이 (지식이 결여된 질투에서 말미암은) 거짓이라면, 그는 자신의 발언을 취소할 것이다. 그러나 만일 그가 하나님의 인도를 받았다면, 우리의 영혼은 그것이 진실임을 목격하게 될 것이다. 우리는 기꺼이 타인의 기도에 순복해야 한다.

　1973년 개최되었던 신유 집회 때에 어떤 겸손한 성공회 신부가 조급한 성질을 가진 자신을 위해 기도해 달라고 나에게 요청했다. 나는 그의 옆에 서서 그와 함께 기도하였다. 마침내 악령이 그에게서 떠나갔을 때 그는 기쁨의 눈물을 흘렸다.

　우리가 서로 순복할 때 마음 속에 있는 교만이 분쇄된다. 하나님은 겸손하고 회개하는 영혼을 찾으신다. 왜냐하면 그러한 영혼만이 다른 사람들을 귀신의 억압에서 자유케 할 수 있는 도구로 하나님의 쓰임을 받을 수 있기 때문이다.

어떤 그리스도인이 귀신 축출받았다면 귀신이 그 사람에게로 다시 돌아오지 않는다는 보장이 있는가?

내 생각으로는 이 질문에 대한 답변은 자기 절제의 문제로 귀결된다. 불행하게도 생생한 귀신 축출을 체험한 많은 사람들이, 낙담할 일과 친지들이 끼치는 심리적 압박과 사업상의 문제들 때문에 예전의 생활 방식으로 되돌아간다. 귀신 축출받은 이후에 다시 타락하면 정말 큰 위험에 처하게 된다. 귀신 축출받았던 사람이 다시 타락하면 대개 귀신은 두 배로 더욱 견고한 발판을 획득한다.
　다음 성경 구절은 이러한 사실을 뒷받침한다.

　"더러운 귀신이 사람에게서 나갔을 때에 물 없는 곳으로 다니며 쉬기를 구하되 얻지 못하고 이에 가로되 내가 나온 내 집으로 돌아가리라 하고 와 보니 그 집이 비고 소제되고 수리되었거늘 이에 가서 저보다 더 악한 귀신 일곱을 데리고 들어가서 거하니 그 사람의 나중 형편이 전보다 더욱 심하게 되느니라"(마 12:43~45).

예수님의 이 가르침은 "정결케 된" 모든 그리스도인이 그들의 생활과 예배에서 주님을 더욱 열심히 섬겨야 한다는 충분한 자극이 될 것임에 틀림없다.

베드로 또한 이러한 사실을 매우 명확하게 제시한다.

"만일 저희가 우리 주(主) 되신 구주 예수 그리스도를 앎으로 세상의 더러움을 피한 후에 다시 그 중에 얽매이고 지면 그 나중 형편이 처음보다 더 심하리니"(벧후 2:20).

22절에서 베드로는 이러한 행위를 개가 그 토하였던 것에 되돌아가는 것으로 비유한다. 이 얼마나 혐오스러운 일인가!

귀신 축출 사역을 통해 나는 귀신 축출을 받고 다시 예전의 타락한 생활 방식으로 되돌아간 수많은 사람들을 만났다. 결국 그들의 상태는 처음 귀신 축출을 받았을 때보다도 더 악화되어 있었다. **우리는 귀신 축출받은 이후일지라도 마귀의 유혹이 언제나 우리 곁에 도사리고 있다는 사실을 깨달아야만 한다. 그러나 마귀는 예수님보다 강하지 않다. 우리는 사단으로 틈을 타게 해서는 안 된다.**

그간의 경험을 통해서 나는 내 자신이 원숙함이나 온전함의 최종적인 경지에 단 한 번도 도달하지 못했다는 사실을 깨달았다. 내 마음 속에는 언제나 예수님이 거하시는 곳보다도 더 많은 빈 자리가 있다. 내 마음 속에는 예수께서 정결케 하시고 들어오셔야 할 더 깊숙한 부분이 있다. 이것이 엄연한 사실이기 때문에, 귀신들이 내 삶의 어느 영역을 점유하고 지배할 가능성이 항상 있다.

하나님의 사랑과 예수님의 보혈로써, 세상으로부터 흠 없이 우리를 지킬 때 귀신은 우리에게로 되돌아오지 못할 것이다. 요한도 바로 이것을 권고했다(요일 5:18 참조). 거듭난 그리스도인이라면 누구나 이렇게 행할 수 있다.

11

귀신 쫓기의 방해물

귀신 축출은 위험하지 않은가?

아마도 그러할 것이다. 교통 법규를 무시한 채 고속도로에서 운전하는 것은 위험하다. 우리가 반드시 기억해야 할 사실은 사도 바울이 신약 시대에 가르쳤던 것들 중에 일부가 현재 많은 교회에서 행해지고 있지 않다는 점이다. 바울은 초대교회 그리스도인들에게 보호하는 전신 갑주를 입고, 손에 칼과 방패를 든 군사들이 되어, 정사와 권세와 어둠의 통치자들과 악령들이라는 거대하고도 가공한 귀신의 세력과 싸우라고 권고했다.

"종말로 너희가 주 안에서와 그 힘의 능력으로 강건하여지고 마귀의 궤계를 능히 대적하기 위하여 하나님의 전신 갑주를 입으라"(엡 6:10, 11).

"우리가 육체에 있어 행하나 육체대로 싸우지 아니하노니 우리의 싸우는 병기는 육체에 속한 것이 아니요 오직 하나님 앞에서 견고한 진을 파하는 강력이라"(고후 10:3, 4).

이 말씀들에 명시되어 있는 영적인 무기들은 평범한 그리스도인들을 위한 그 얼마나 엄청난 자원인가! 초대교회 신자들은 왜 이 영적인 무기들을 반드시 지녀야만 했는가? 왜냐하면 그들의 원수들은 인간이 만든 국가들과 조직들을 다스리는 능력 있는 귀신들이며, 세상의 어둠을 주관하는 악령들이고, 날마다 그리스도인들을 괴롭히려고 벼르는 엄청나게 많은 수효의 귀신들이기 때문이었다.

귀신들과의 전쟁은 위험한가? 만일 당신이 전쟁 장비를 제대로 갖추고 있지 않다면 전쟁은 위험하다. 만약 우리가 전신 갑주를 제대로 착용하지 않는다면 그 갑주에는 틈이 생기게 될 것이며, 사단은 그 틈으로 불화살을 쏠 것이다. 만일 우리가 오른편에 믿음의 방패를 들지 않는다면, 그 방패는 무용지물이 될 것이다. 만약 우리가 성령의 검, 곧 하나님의 말씀과 친숙하지 않다면, 우리는 공격할 무기를 지니고 있지 않은 것이다. 이런 경우에 우리는 사단의 손쉬운 공격 목표이다.

하나님께서는 우리에게 사단의 공격을 거뜬히 막아내는 전신 갑주를 주셨을 뿐만 아니라 독생자의 보혈을 주셨다. 나는 사단과의 싸움에 참가한 사람들에게 예수의 보혈을 믿는 신앙으로 스스로를 보호하라고 아주 강력하게 권고하는 바이다. 사단은 보혈의 경계선을 넘어올 수 없다. 그러나 적재 적소에 경계선을 설치하는 것은 우리의 소관이다.

하나님께서 애굽의 노예 제도에서 구원하실 때 이스라엘 백성들은 죽음의 천사가 지나가기 전에 양의 피를 집의 문설주와 인방에 칠했다. 만약 피가 문설주와 인방에 칠해지지 않았다면 모든 가족과 가축의 초태생에게 죽음이 임했을 것이다(출 12장 참조).

당신이 사단을 괴롭게 만들 때 분명히 사단은 반격을 가할 것이다. 그러나 방관자로 앉아 있다가 지는 것보다는 전쟁에 참여하여 승리하는 것이 더 낫다. 공격은 최상의 수비이다. 이것이 예수께서 아래와 같이 말씀하신 이유이다.

"내가 너희에게 뱀과 전갈을 밟으며 원수의 모든 능력을 제어할 권세를 주었으니 너희를 해할 자가 결단코 없으리라" (눅 10 : 19).

사람들은 귀신 축출과 관련하여 안수에 대해 대체로 반대해 왔다. 사람들은 안수를 행함으로 귀신이 우리에게 들어오기 때문에 귀신 들린 사람에게 안수하지 말아야 한다고 생각한다.

이러한 견해는 상식에 근거하는데, 특히 고통받는 사람이 광기의 귀신이나 폭력의 귀신에게 억눌리는 모습을 보고 그렇게 생각한다. 그러나 나는 귀신들에게 "반격"당할 어떠한 위험도 있다고 믿지 않으며, 귀신이 안수를 통하여 우리에게 들어온다고 믿지도 않는다. 우리 안에 있는 성령의 권능은 사단의 권능보다도 한량없이 크다.

나는 일반적으로 안수하지 않고 기도로서 귀신 축출을 시작한다. 그리고 귀신 들린 사람이 고통스런 몸짓을 나타내기 시작한다면, 성령의 권능이 그에게 임하게 하기 위하여 안수한다. 나는 안수가 다 사용한 건전지의 끝에 충전지를 연결한 것과 유사하다고 종종 생각한다. 성령의 권능은 귀신 들린 사람에게로 흘러 들어가 악령을 축출하게 한다.

만일 당신이 전반적인 귀신 축출 사역에 대해서 경험이 없거나 미심쩍은 상태에 있다면, 안수를 하지 말아야 한다. 무턱대고 안수하는 것보다는 경험이 좀 축적될 때까지 기다리는 것이 더 낫다.

그리스도의 보혈을 덧입고 두려움 없이 싸우는 사람들에게는 아무런 위험도 없다. 오히려 사단과 귀신들이 위험에 처하게 된다. 예수님은 갈보리 언덕에서 이들 모두를 정복하셨다. 귀신 축출을 받기 위하여 기다리고 있는 수많은 사람들을 구원하기 위하여, 자리에서 일어나 전신 갑주를 입고 사단을 무찌르는 전쟁을 시작하자.

복음만을 전파하고 귀신 축출 사역에 관심을 두지 않을 수는 없는가?

이 질문은 귀신 축출 사역을 이해하지 못하는 사람들이 즐겨 사용하는 질문이다. 성경은 이스라엘이 불신앙으로 하나님을 제한하였다고 말한다.

"저희가 돌이켜 하나님을 재삼 시험하며 이스라엘의 거룩한 자를 「제한」('격동'-개역 한글성경)하였도다"(시 78 : 41).

이스라엘 백성들은 자신들의 생활 방식에 편리한 바대로 하나님을 믿었다. 이렇듯 하나님을 제한하는 수많은 사람들이 오늘날 교회 강단과 좌석을 가득 메우고 있는 실정이다. 그들에게 구원의 복음은 요한복음 3장 16절에 한정되어 있을 뿐이다.

지금 나는 요한복음 3장 16절에 관한 설교를 거부하는 것이 아니다. 모든 죄인은 거듭나야 할 필요가 있으며 구원받기 위하여 주 예수 그리스도를 믿어야만 한다. 그러나 교회는 요한복음 3장 16절을 설교하는 것 이상의 설교를 하도록 명령받았다. 이 지상 명령과 아울러 어떠한 지시가 주어졌는가?

"너희는 온 천하에 다니며 만민에게 복음을 전파하라 믿고 세례(침례)를 받는 사람은 구원을 얻을 것이요 믿지 않는 사람은 정죄를 받으리라 믿는 자들에게는 이런 표적이 따르리니 곧 저희가 내 이름으로 귀신을 쫓아내며 새 방언을 말하며 … 병든 사람에게 손을 얹은즉 나으리라"(막 16 : 15~18).

예수님은 12제자와 70인 제자들을 파송하실 때에 그들에게 복음을 전파하는 능력 이상의 것을 갖추게 하셨다.

"예수께서 열두 제자를 불러 모으사 모든 귀신을 제어하며 병을 고치는 능력과 권세를 주시고 하나님의 나라를 전파하며 앓는 자를 고치게 하려고 내어 보내시며"(눅 9 : 1, 17).

"이후에 주께서 달리 칠십 인을 세우사 친히 가시려는 각동 각처로 둘씩 앞서 보내시며 … 칠십 인이 기뻐 돌아와 가로되 주여 주의 이름으로 귀신들도 우리에게 항복하더이다"(눅 10 : 1, 17).

그리스도께서는 제자들에게 귀신들을 축출할 수 있는 온전한 권세를 위임하셨다. 이 권세는 참된 기독교의 진실성을 입증하는 것으로서, 예수께서 언급하신 첫번째 표적이다. 복음 전도자 빌립은 단순히 그리스도만을 전파하지 않고 그리스도께서 위임하신 권능 또한 행했기 때문에, 하나님께서 다음의 표적들로 그분의 말씀을 확증하시는 것을 목격했다.

"빌립이 사마리아 성에 내려가 그리스도를 백성에게 전파하니 무리가 빌립의 말도 듣고 행하는 표적도 보고 일심으로 그의 말하는 것을 좇더라 많은 사람에게 붙었던 더러운 귀신들이 크게 소리를 지르며 나가고 또 많은 중풍병자와 앉은뱅이가 나으니"(행 8:5~7).

만일 어느 목회자가 하나님의 구원 계획의 일부분을 경시한다면, 그는 구원의 의미를 자신의 회중에게 온전히 전파하지 못할 것이다. 신약성경 헬라어 원전에서 "구원"이라는 용어의 뜻은 "온전케 되다", "구함을 받다"이다. 주님의 구원은 인간의 영과 혼과 육신을 온전케 하는 것이다.

나는 한때 토론토에 있는 어떤 라디오 방송국에서, 하나님께서 다리를 정상적 길이가 되게 하고 비틀어진 척추를 곧게 펴셨던 이적에 대한 방송을 내보냈다. 하나님께서 특수한 질병들을 기적적으로 치유하셨다는 이야기를 들은 어느 청취자는 이에 감명을 받고 자신의 처지에 관해서 편지를 써보냈다. 그는 당시에 허리가 비틀어져 있었으며 한쪽 다리가 다른 쪽 다리보다 짧았다. 그는 우리 교회에 오려고 결심하였다. 우리의 기도가 자신의 질병을 치유할 것임을 확신하고 말이다.

당시에 얼마나 난처했는지! 이러한 이적 이야기를 하지 말았어야 했는가? 나는 위험한 영역으로 들어가고 있었던 것은 아니었는가?

그 사람이 어느 주일에 교회에 나타나서 기도실에 있을 때 나는 "진실이 밝혀질 순간"이 왔다는 사실을 깨달았다. 나는 그 사람에게 의자에 앉으라고 권하고 나서 그의 두 다리를 잡았으며 그의 오른쪽 다리가 왼쪽 다리보다 2cm 정도 짧다는 사실을 발견했다. 나는 그 사람의 치유를 위해서 예수께 간구했다. 그 즉시로 우리의 면전에서 그의 오른쪽 다리는 왼쪽 다리만큼 길어졌다. 그리고 그의 척추는 똑바로 펴졌다.

며칠 후에 그는 편지를 보냈는데, 자신이 생각할 수 있었던 모든 수단을 다 강구해 보았어도 이 이적같이 확실한 치료 방법은 없었다고 말했다. 나중에 그는 공포의 귀신을 축출받기 위해서 우리 교회로 다시 찾아왔다. 그리고 그 사람은 은혜롭게 치유되었으며 자유케 되었다. 나는 온전한 복음을 그 사람에게 제시할 수 있어 기뻤다.

우리가 구원의 복음의 일부분을 빠뜨려서야 되겠는가? 죄인이 죄 사함 받는 것을 보고는 기뻐하면서도, 육체적 질병과 정신적 고통에 시달리는 사람들은 방치해서야 되겠는가? 우리가 기도해 준 사람이라고 해서 모두 치유되고 귀신 축출받게 된다는 얘기는 아니다. 치유와 귀신 축출받지 못하는 데에는 많은 이유가 있을 것이다. 그러나 그렇다 해도 우리는 온전한 복음을 전파해야 한다.

토론토에서 TV 방송에 출연했을 때, 내 옆에는 자유주의자이

자 귀신 축출 사역을 믿지 않는 목회자가 있었다. 그는 창세기 1~11장이 순전히 신화라고만 생각했다. 그리고 귀신들이 존재한다는 것을 전혀 믿지 않았다.

나는 성경이 귀신들에 관해서 명백하게 말하고 있다는 것과 예수께서 어떻게 귀신들을 다루셨는지를 설명하였다. 그리고 사단이 어떻게 가룟 유다에게 들어갔으며 제자들이 귀신들을 어떻게 축출했는지 설명하였다. 이 자유주의 목회자는 귀신들이란 사복음서와 사도행전을 저술한 저자들의 "해석"에 불과하다고 대답하였다. 그리고 그는 내 발언에 대한 증거 제시를 요구하였다.

나는 그에게 마음과 육신이 속박된 사람들과, 우리가 예수의 이름으로 귀신들을 축출하였을 때 영구히 자유케 된 사람들에 관해서 말하였다. 이 이상의 어떤 증거가 필요하겠는가? 그 다음에 나는 이 자유주의 목회자에게 귀신 들린 사람들이 부르짖거나 땅바닥을 구를 때 그들에게서 무엇이 나갔는지 질문하였다.

그의 대답은 놀라웠다.
"나는 당신이 그 사람들을 치유했다는 것을 의심치 않습니다."
나는 그의 말을 정정하였으며, 나는 단지 예수님의 능력 안에 있는 도구에 불과하다고 했다. 그리고 만일 귀신이 존재하지 않는다면 어떻게 사람들이 놀라운 치유와 귀신 축출을 받을 수 있겠냐고 질문했다. 그는 아무런 말도 하지 못했다.

오늘날 예수님은 교회로 하여금 빌립이 행했던 것처럼 온전한 복음을 전파하게 하고자 성령의 모든 은사와 역사를 회복하고 계신다. 믿음과 순종으로 살아갈 때에, 귀신 축출의 체험과 성과를 기대할 수 있다.

귀신 축출이 복음 전파에 반드시 수반되는 표적들 중에서 첫째라는 사실을 명심하라(막 16:17 참조). 귀신 축출은 신학적인 이론으로 묻어 버릴 수 있거나 망각해 버릴 수 있는 것이 아니다. **하나님은 만민에게 전파되어야 할 복음의 본질적인 부분인 귀신 축출 사역을 회복하고 계신다.**

지나치게 "귀신을 의식하는" 것은 정신적으로 건강치 못한 것이 아닌가?

귀신 축출 사역에 종사하고 있는 사람들은 종종 성령보다도 귀신들에게 더 관심을 가진 자들이라는 비난을 받는다. 어떤 사람들은 이 사역에 몰두하는 사람들이 음침한 곳에 숨어서 "마녀 사냥"과 "귀신 색출"을 행하여 그 마음가짐이 불건전하다고 생각한다.

우리는 귀신 축출 사역을 하는 사람들 가운데 일부가 매사의 원인을 자신이 아닌 귀신들에게 돌리고 있다는 사실을 기꺼이 시인한다. "귀신을 식별"할 수 있는 체하는 일부 사람들은 부당한 추측을 하고 "당신은 귀신 들렸습니다"라고 말한 다음에 계속해서 "귀신아 나오라"고 명령한다. 여하튼 그들은 이런 식으로 행한다.

이러한 부류의 행위는 일부 사람들에게 감명을 주겠지만 또다른 사람들에게는 불쾌감을 느끼게 한다. 우리가 귀신을 꾸짖고 축출하기 전에 이미 귀신이 활동하고 있다는 것을 확실히 알아야 한다.

성령의 참된 역사 안에서 열심으로 귀신 축출을 행하는 사람들은 적절한 체험도 하지 않은 채 귀신 들린 사람들을 도우려고 한다. 이것이 무모하게 보일지 모르겠다. 그러나 일을 시작하지 않는 한 그 일을 배울 수 없다. 그러므로 열심으로 귀신 축출을 행하는 사람들을 너무 심하게 대하지 말아야 한다. 그리고 초심자들은 더욱 숙련된 그리스도인들의 지시하에서 귀신 축출 사역을 행해야 한다.

귀신 축출 사역에 몰두하고 있는 그리스도인들은 귀신들을 색출하고 있는 것이 아니다. 그들은 귀신들에게 억압당하고 있는 수많은 사람들을 치유하고 자유케 하기만을 소망한다.

주님께서 나의 눈을 열어 주셔서 귀신의 실체를 볼 수 있게 해 주셨을 때, 나는 귀신들을 색출하고자 하지 않았다. 귀신 축출을 행했던 나의 유일한 동기는 고질적인 질병에 걸린 사람을 치유하는 데 있었다. 어떤 사람이 나에게 기도 방식을 바꾸어 보라고 충고했다. 그 사람이 나에게 제안한 것은 병든 자를 치유케 해달라고 예수께 간청하는 대신에 예수의 이름으로 질병을 꾸짖으면 더 좋은 효과가 있으리라는 것이었다.

그 사람이 조언한 기도의 성과는 놀라웠다. 나는 즉시 귀신들과 대면하게 되었다. 그러나 나는 귀신들을 색출하고자 하지 않았다. 귀신들은 전능하신 예수님의 이름으로 도전받았을 때 반응을 나타냈다. 미지의 것에 대해 두려워하는 수많은 그리스도인들은 귀신들에 관해서 아무것도 알고자 하지 않는다. 이러한 무지와 게으름으로 우리는 귀신들이 계속 잠복해 있도록 허용한다. 그리고 귀신들은 행복하게도 계속해서 사악한 일을 행한다.

귀신들은 언제나 예수님이 그분의 충만하심 가운데 전파될 때에 반응한다. 귀신들은 종종 사람들을 속여서 자신들이 존재치 않는다고 믿게 한다. 그러다가 자신들을 축출하는 사람들이 있으면 욕설과 저주를 퍼붓는다.

뉴욕 브룩클린에서 예배를 드리던 때에 한 귀신이 가성(假聲)으로 하나님을 찬양함으로써 스스로를 드러내기 시작했다. 귀신들린 사람의 얼굴은 고통으로 일그러져 있었다. 나는 이 귀신을 식별하였으며 예배가 끝나갈 때에 축출하였다. 나는 이 귀신을 색출하고자 하지는 않았다. 그러나 참된 예배는 숨어 있는 이 귀신으로 하여금 찬양하도록 자극하였다.

예수께서 가버나움에 있는 회당에 들어가셨을 때 어떤 일이 일어났는가? 예수님은 귀신을 색출하고 계셨는가? 아니다. 예수님은 단지 말씀을 가르치고 계셨다. 그리고 그때에 갑자기 더러운 귀신이 소리를 질렀다.

> "예수께서 꾸짖어 가라사대 잠잠하고 그 사람에게서 나오라 하시니 더러운 귀신이 그 사람으로 경련을 일으키게 하고 큰 소리를 지르며 나오는지라"(막 1 : 25, 26).

귀신은 복종하였다. 회당에 있던 사람들은 의심할 나위없이 이 유별난 사건을 목격하고는 놀랐다. 아마도 예수께서 더욱 품위 있고 능숙하게 귀신 축출을 행하셨더라면, 하나님의 집에서의 "불쾌한 반응"과 같은 일을 피하실 수 있었을 텐데!

우리는 귀신들을 색출하지 않는다. 귀신들은 우리가 그들에게 명령하고 축출할 때까지는 잠복해 있다. 또한 귀신들은 주님의 임재가 그들을 격동시켜 스스로를 드러내게 할 때까지 잠복해 있는다.

단지 하나님을 찬양하고 귀신들을 무시함으로써 더욱 효과적으로 귀신들을 다룰 수는 없는가?

성령께서 역사하시는 오늘날에 하나님을 찬양해야 할 필요성이 많은 가르침을 통하여 강조되고 있다. 그러나 성경적인 찬양과 예배는 역사적·교파주의적 교회들 내에서 애석하게도 결핍되어 있다. 하지만 참된 기쁨이 재현되고 있는 교회에서 예배드리는 사람들은 "마음의 즐거움은 양약이라"(잠 17:22)고 하는 사실을 발견하고 있다.

우리가 이생에서 감사하는 것을 제한하는 것이 있는가?

"범사에 감사하라 이는 그리스도 예수 안에서 너희를 향하신 하나님의 뜻이니라"(살전 5:18).

"범사에 우리 주 예수 그리스도의 이름으로 항상 아버지 하나님께 감사하라"(엡 5:20)

성경은 우리에게 범사에 감사하라고 가르친다. 역경에 직면해서도 이러한 태도를 나타내는 것은 결국 영혼을 기쁘게 할 것이다. 하나님을 찬양할 때 확실히 낙담 귀신과 질투 귀신과 비난 귀신은 갈보리의 승리를 우리에게서 빼앗아 갈 수 없다.

그러나 찬양에 관한 교리가 귀신 축출에 관한 교리를 대체하지는 않는다. 찬양과 귀신 축출은 하나님께서 거저 주신 것들이지만 이 두 가지는 명확하게 구분된다. 수많은 경우에 사람은 "슬픔"(사 61:3)에 속박당하기도 할 것이다. 이것은 기쁨으로 대체되어야 한다. 슬픔에 얽매어 있으면 마음으로 하나님을 찬양하기가 어렵다.

슬픔과 좌절은 귀신의 특성이다. 이에 반해서 기쁨은 성령의 속성이다. 성령께서 우리 안에서 활동하시기 전에 슬픔은 예수의 이름으로 추방되어야만 한다. 그리고 성령께서 임재하신 이후에야, 예전에 귀신에게 고통받았던 사람은 좀더 마음 편히 하나님을 예배하게 될 것이다.

나는 이런 말을 덧붙이고자 한다. 큰 소리로 하나님을 찬양하거나 두 손을 들고 하나님을 찬양하는 것은 육체의 힘으로 하는 것이지 마음 깊은 곳에서 말미암은 것이 아니다. 이러한 행위는 단지 피로만을 누적시킬 것이다. 육체적인 노력을 발휘하는 것은 귀신 들린 사람에게서 귀신들을 축출할 수 없을 것임이 확실하다.

무엇보다도 먼저 우리는 고난 중에서도 합당하게 하나님께 감사드려야 한다. 그 다음에 우리를 슬픔에 처하게 만드는 시험에 맞서야 하며 마음이 내키지 않는 때에도 하나님을 찬양해야 한다. 즉, 우리는 우리의 영혼과 마음을 북돋워 하나님께서 궁극적 구원을 이루어 주시리라고 믿어야 한다. **찬양이 더욱 용이하게 사단을 대적할 수 있는 방편일지라도, 귀신 축출에서는 본질적인 것은 아니다.**

귀신 축출받은 사람이 나타내는 첫번째 반응은 거의 언제나 하나님을 찬양하고자 하는 강력한 욕구이다. 때때로 눈물을 흘리며 찬양할 정도로, 귀신 들렸던 사람은 크게 감동하기도 한다. 그러나 구원받지 못한 사람들은 이러한 광경을 거의 이해하지 못할 것이다.

찬양은 좋은 것이다. 그러나 찬양은 귀신 축출에서 본질적인 것이 아니다. 만일 당신이 귀신에게 시달림 받고 있다면, 하나님을 찬양하고 당신을 귀신의 억압에서 자유케 할 수 있는 조력자를 구하라. 육체와 마음과 영혼을 온전케 하고자 한다면, 우리는 속박에서 벗어나는 것과 예배에서의 자유를 체험해야 한다.

귀신 축출 사역은 예수 그리스도보다도 마귀를 중시하는 것이 아닌가?

이와는 정반대로 귀신 축출 사역은 내가 알고 있는 어떤 다른 사역보다도 더욱 확실하게 마귀의 패배를 증명한다. 우리가 예수의 이름과 권세로 악령들을 축출할 때 예수께서 존귀케 되는 것이지 사단과 귀신들이 존귀케 되는 것은 분명코 아니다.

당신이 어떤 것을 "중시"할 때, 당신은 그것을 크고 위대한 것으로 간주할 것이다. 어찌하여 귀신들을 축출하는 것이 귀신들을 예수 그리스도보다 위대하다고 간주하는 것이 된다는 말인가? 만일 우리가 귀신에게 명하여 예수의 이름으로 떠나라고 할 수 있고 귀신들이 이에 복종한다면, 이는 예수님의 권능과, 마귀의 능력 결여를 증명하지 않는가?

어떻게 귀신들을 무찌르고 추방하는 것이 마귀에게 영광을 제공하는 것이라는 생각을 할 수 있는가? 영광은 무슨 영광인가! 어떤 사람이 자신의 일자리에서 쫓겨났을 때 그것이 그 사람에게 영광이란 말인가? 귀신들이 예수의 이름으로 축출된 경우에 그것이 귀신들에게 영광이란 말인가? 전혀 그렇지 않다. **귀신 축출은 귀신들이 그 얼마나 비참하고 연약한 피조물들인지를 증명한다.**

이런 식의 질문은 "귀신을 축출하라"는 성경의 명령에 복종치 않는 교회에 출석하는 그리스도인들이 일반적으로 제기하는 질문이다. 이러한 그리스도인들은 예수께서 갈보리에서 귀신들과 온갖 질병들을 무찌르셨다는 가르침을 듣지 못하였다. 이 가르침을 받지 못한 그리스도인들은 억압이 초래될 경우에, 억압받는 자신들이 "십자가를 지고 있다"고 믿으며 일생을 살아간다. 우리가 복음의 능력에 관해 무지할 때 마귀는 얼마나 즐거워하겠는가!

성경은 예수께서 세상에 오신 진정한 목적이 무엇인지 말하고 있다.

"하나님의 아들이 나타나신 것은 이는 마귀의 일을 멸하려 하심이니라"(요일 3:8).

"하나님이 나사렛 예수에게 성령과 능력을 기름 붓듯 하셨으매 저가 두루 다니시며 착한 일을 행하시고 마귀에게 눌린 모든 자를 고치셨으니"(행 10:38).

"그도 또한 한 모양으로 혈육에 함께 속하심은 사망으로 말미암아 사망의 세력을 잡은 자 곧 마귀를 없이하시며 또 죽기를 무서워하므로 일생에 매여 종 노릇 하는 모든 자들을 놓아 주려 하심이니"(히 2:14,15).

복음의 핵심은 바로 마귀의 무자비한 억압으로 시달리는 인류를 구원하시는 예수님의 권능이다. 이 권능은 하나님의 말씀의 전파와 귀신 축출과 병자 치유를 통하여 발휘된다.

그리스도인들로 하여금 "영혼의 승리"를 북돋우기 위하여 오늘날의 수많은 교회들이 사용하는 속임수와 논쟁과 "비밀 폭로"는 확실히 성경에 근거하지 않은 것들이다. 그러나 이러한 비성경적인 수단으로 귀신 들린 사람에게 접근하고자 "복음을 가지고 유희하는" 사람들은 예수님의 명령대로 진지하게 "귀신 축출"을 행하는 우리들을 조롱하고 있다.

초기에 예수님의 권능을 증명한 사건들 중에 하나는 예수께서 가버나움에서 어떤 사람에게 들린 귀신을 축출하셨던 일이다(막 1:23~27 참조). 나중에 예수님은 열두 제자에게 모든 귀신을 다스리는 권세와 모든 질병을 치유하는 권능을 주셨다(눅 9:1 참조). 그리고 마침내 예수님은 모든 교회에 귀신 축출 사역을 위임하셨다. 예수님은 이렇게 말씀하셨다.
"믿는 자들에게는 이런 표적이 따르리니 곧 저희가 내 이름으로 귀신을 쫓아내며 …"(막 16:17).

귀신 축출 사역은 복음과 별개의 것이 아니다. 귀신 축출은 복음을 전파하는 사람들이 행해야 할 가장 본질적인 사역들 가운데 하나이다. 그러므로 오늘날 성령의 역사하심으로 말미암아 온전한 귀신 축출 사역을 재발견하게 하신 하나님을 찬양하자! 성령의 충만함을 받은 그리스도인들이 점점 더 많이 이 전쟁에 참여하고 있으며, 이로 말미암아 수많은 사람들이 자유케 되고 있다.

어찌하여 육체의 일을 귀신들의 탓으로 돌리는가?

육신의 유혹은 귀신들이 자행하는 억압과는 분명히 다르다. 만일 당신의 문제가 육신의 연약함 때문이라면, 당신은 육신의 소욕을 죽이고 예수님을 신뢰하고 성령의 권능을 좇아 행함으로써 승리할 수 있을 것이다. 그래도 당신의 문제가 해결되지 않는다면, 이 문제를 귀신들의 활동으로 간주해야 할 것이다.

이 두 종류의 문제는 아주 상이한 두 가지 방법으로 다루어져야만 한다. 육신은 십자가에 못박혀야 하며, 귀신들은 축출되어야 한다.

성경은 육신의 일을 예수 그리스도께 복종시키라고 가르친다. 우리는 우리가 지닌 타락한 옛 아담의 본성이 예수님의 십자가에 못박혔다고 "간주해야" 할 것이다. 우리는 날마다 이렇게 "간주"해야 한다.

"이와 같이 너희도 너희 자신을 죄에 대하여는 죽은 자요 그리스도 예수 안에서 하나님을 대하여는 산 자로 여길지어다 그러므로 너희는 죄로 너희 죽을 몸에 왕 노릇 하지 못하게 하여 몸의 사역을 순종치 말고 또한 너희 지체를 불의의 병기로 죄에게 드리지 말고 오직 너희 자신을 죽은 자 가운데서 다시 산 자같이 하나님께 드리며 너희 지체를 의(義)의 병기 하나님께 드리라"(롬 6:11~13).

예수님은 그리스도인이 날마다 주님을 인정할 때에라야만 육체 안에 거하신다. 그러나 만일 그리스도인이 죄악된 육체가 죽었다고 간주한 이후에도 사단에게로 되돌아가서 자신의 옛 육신적 본성을 나타낸다면, 사단은 즐거이 그 육신을 다시 취하거나 점유해 버릴 것이다. 따라서 우리는 우리 자신의 타락을 마귀의 탓으로 돌려서는 안 된다. 우리는 그것을 우리 자신의 탓으로 돌려야만 한다.

사도 바울은 육체의 일에 관해서 갈라디아 교인들에게 분명하게 경고하였다.

"육체의 일은 현저하니 곧 음행과 더러운 것과 호색과 우상 숭배와 술수와 원수를 맺는 것과 분쟁과 시기와 분냄과 당 짓는 것과 분리함과 이단과 투기와 술 취함과 방탕함과 또 그와 같은 것들이라 전에 너희에게 경계한 것같이 경계하노니 이런 일을 하는 자들은 하나님의 나라를 유업으로 받지 못할 것이요"(갈 5:19~21).

육체의 일과 싸울 수 있는 해결책은 또한 갈라디아서 5장에 기술되어 있다.

"내가 이르노니 너희는 성령을 좇아 행하라 그리하면 육체의 욕심을 이루지 아니하리라"(갈 5:16).

그리스도인들은 성령을 좇아 행함으로써 죄악된 행위나 습관을 버려야 한다. 도둑질하는 사람은 그 일을 중단하고 힘써 일해야 한다. 그리고 더러운 말은 덕을 세우는 말로 대체되어야 한다(엡 4:28, 29 참조).

또한 사도 바울은 초대교회 그리스도인들에게 "마귀로 틈을 타지 못하게 하라"(엡 4:27)고 권면하였다. 만일 우리가 회심(回心)한 이후에도 마귀에게 우리의 옛 본성의 일부를 내어 준다면, 마귀는 자신이 취할 수 있는 것을 취한 후에, 귀신 "들릴 수 있게" 책략을 써서 악한 일을 계속하도록 만들 것이다.

그리스도인이 다시 타락했을 때 바로 이런 일이 일어난다. 고질적인 타락이 발생할 경우에 고통받는 사람은 교회 장로들을 불러 믿음의 기도를 요청하여 이러한 귀신의 세력에게서 자유케 되어야 한다.

나는 그리스도인이 타락하는 그 순간에 귀신들의 억압을 받고 육체의 소욕에 따라 행동한다고 말하는 것이 아니다. 하지만 타락한 그리스도인은 자신의 삶의 영역을 사단이 차지하도록 확실히 길을 열어 주고 있는 것이다. 이러한 경우에 즉시 죄를 회개하고 예수님의 보혈을 간구하고 예수님과의 온전한 교제를 회복하는 것이야말로 귀신의 억압으로부터 보호받을 수 있는 유일한 방도이다. 긴밀하게 하나님과의 동행을 지속하는 것은 귀신 축출받은 상태를 유지하는 데 필수적이다.

귀신 축출 사역이 타당하고 성경적이라면, 이 사역은 교회 역사 전체에 걸쳐서 행해져 오고 있는가?

초기 교회의 몇몇 교부들, 가령 이레니우스, 폴리갑, 저스틴 마터, 클레멘트의 저술들은 새로운 회심자들이 세례받기 전 개종시에 대부분 귀신 축출을 체험했다고 지적한다. 로마 가톨릭 교회의 고대 저술들은 어떤 사제들이 귀신 축출을 행하였으며, 오늘날 귀신 축출 사역에서 우리가 목격하는 것과 유사하게 귀신 들린 사람이 재채기를 하거나 다른 행동 양태를 나타냈다는 사실을 보여 준다.

불행하게도 중세 교회는 기독교의 본질을 잃어버렸다. 귀중한 사역들과 성령의 은사들을 상실했음에도 불구하고, 교회는 마르틴 루터와 웨슬리 형제와 지난 시대의 다른 위대한 복음주의 지도자들을 통해서 상실했던 진리들을 회복하기 시작했다.

하나님께서는 상실된 진리를 점진적으로 회복시키셨다. 이신칭의(以信稱義)와 하나님의 말씀을 민중의 언어로 번역하는 것을 통해 엄청난 변화가 일어났다. 20세기에 들어와서 성령의 역사로 말미암아 방언과 예언과 신유 사역이 부활되었다.

20세기 중반기에 이르러 그리스도인들은 귀신들이 정신적 질환과 육체적 질병을 일으킨다는 사실을 깨닫기 시작했다. 그리스도와 열두 제자들이 보여 준 성경적 본보기에 따라 우리는 귀신들의 억압으로부터 벗어나고자 하는 사람들에게서 귀신들을 축출하였다. 그러나 귀신 축출 집회는 특히 이 사역을 이해하지 못하는 단체들에게서 경멸받고 있다.

20세기에 들어와서 방언과 아울러 귀신 축출에 대한 엄청난 반대가 있었다. 그러나 하나님은 여전히 앞서 나아가셨다. 귀신 축출에 대한 몰이해와 반대에도 불구하고 하나님은 승리를 향하여 계속 전진하실 것이다.

예수 그리스도는 자신의 영적 신부(新婦)인 교회가 흠이나 주름 없이 되며 재림을 예비할 수 있도록 준비시키신다. 그리스도의 신부인 교회는 상당 부분 "재정비"되어야 할 필요가 있다. 예수님은 로마 가톨릭 교회를 위해서나 개신교를 위해 재림하지 않으신다. 예수님은 그분의 보혈로 정결케 되고 성령 충만함을 입은 남성들과 여성들로 구성된 하나의 교회를 위하여 재림하신다. 현명한 다섯 처녀의 비유에서와 마찬가지로 예수님은 그리스도인들이 등잔에 기름을 가득 채우고 밝게 비추이기를 기대하신다.

교파주의 시대는 끝났다. 유일한 "세계 교회"는 예수님이 오늘날 모든 국가에 세우고 계시는 참 교회이다. 현대는 정화(淨化)의 시대이다. 그리고 이것은 하나님께서 교회에 귀신 축출 사역을 회복하시는 이유이다.

수많은 그리스도인들이 사단의 억압에서 벗어나야 할 필요가 있다. 우리는 예수 그리스도 안에서 합법적인 권리를 발휘하여 갇힌 자들을 자유케 하기를 두려워하지 말아야 한다. 그리스도의 몸인 교회가 교회의 마지막 시대, 즉 그리스도의 재림을 준비하도록, 우리에게 위임된 합법적인 권리를 사용하자.

다른 사람들에게 들린 귀신에 대해서 염려하기보다는 자기 자신에게 들린 귀신들을 축출하는 것이 더 낫지 않은가?

이러한 질문을 제기하는 사람들 중에 일부는 귀신이 더러운 존재이며 귀신 축출이 난처하고도 개인적인 문제라고 느낀다. 즉, 그들은 다른 사람들에게 귀신 축출 기도를 요청하는 것보다는 "스스로 귀신 축출을 행하는" 것이 더 나은 일이라고 생각한다.

한편, 이러한 질문을 제기하는 또다른 사람들은 다른 관점에서 귀신 축출의 전반적인 문제에 대해 염려한다. 그들은 다음과 같이 자문한다.
"나의 교우가 귀신에게 억압당하고 있다고 믿기 시작한다면, 그 교우에게 어떠한 태도를 취할 수 있겠는가? 이러한 생각으로 우정이 깨지지는 않겠는가? 이러한 생각을 품지 않고 내 자신만을 정결케 하는 것이 나를 위해 더 나은 일이 아닌가?"

먼저 두번째 질문을 고려해 보자. 만일 당신의 어떤 교우가 확실히 귀신에게 억압당하고 있다면, 당신은 그의 문제를 무시하고 그러한 문제가 실재하지 않는 양 행동하겠는가!

만일 당신이 그리스도 안에서 형제로서 진실로 그를 사랑한다면, 당신은 그가 자신의 문제를 깨달을 때까지 그와 더불어 기도와 친교의 시간을 보내야 한다. 그가 귀신 축출받을 준비가 되어 있을 때, 당신은 먼저 당신 자신이 그 사람에게 들린 귀신을 축출하든지 귀신 축출을 행하는 사람들에게 그 사람을 인도하든지 간에 도움의 손길을 펼쳐야 한다.

단지 어떤 그리스도인이 귀신에게 억압받고 있다는 이유만으로 그를 당신과의 친교에서 배제하지 말아야 한다. 사단에게 공격받고 있는 존재일지라도 그 역시 성령께서 그 안에 임재하고 있는 한 형제이다. 어떤 사람이 친교를 필요로 할 때는 언제나 그가 귀신에게 억압당하고 있는 때이다. 당신의 그리스도인 형제가 지닌 문제를 무시함으로써 그에 대해 범죄치 말라. 사랑으로 서로 교제하며 예수의 이름으로 갇힌 자들을 자유케 하라.

나는 "자기에게 들린 귀신을 스스로 축출한다"는 첫번째 질문에 대답하고자 한다. 나는 그리스도인이 스스로 귀신들을 축출할 수 있다는 사실에 동의한다. 많은 그리스도인들이 그렇게 행하고 있다. 그러나 자신에게 들린 귀신을 스스로 축출한다는 것은 일부 그리스도인들에게는 좀처럼 행하기 힘든 일이다.

우리는 미시간에 사는 한 변호사를 알고 있는데, 그는 귀신 축출에 관한 가르침을 듣고 차를 몰고 집으로 돌아가는 동안에 자신이 들은 것을 해 보겠다고 결심했다. 말로써 자신 안에 있는 귀신들을 꾸짖고 예수의 이름으로 귀신 축출을 명하자마자, 즉시 속이 메스꺼워지기 시작했다. 그는 바로 그때에 운행을 멈추고 차 밖으로 굴러 떨어졌으며 머리맡에 있는 잔디밭에 구토했다. 나중에 그가 자신의 체험을 말했을 때, 나는 그가 다른 사람의 도움을 받았더라면 더욱 용이하게 귀신들을 축출했을 것이라고 말해 주었다.

당신 자신이 귀신을 쫓아내는 사역에 복종하는 것이 다소 난처하게 느껴질지라도 이것이야말로 자유케 되는 데에 필요한 일종의 겸손이라는 사실을 명심하라. 아마도 이것이야말로 사도 야고보가 "너희 죄를 서로 고하며 병 낫기를 위하여 서로 기도하라"(약 5:16)고 말하는 이유일 것이다.

죄를 고백하기가 난처하다 해도 그것을 통해 서로 기도하게 된다는 사실에 주목하라. 우리가 우리의 부족함과 잘못을 서로 고백할 때, 믿음의 기도는 아주 쉽게 행해질 것이다. 믿음의 기도가 열매를 맺으며 불확실성의 기도는 그렇지 못하다는 사실을 명심하라.

천사장 미가엘이 사단을 꾸짖지 못하였다면, 사단을 꾸짖고 있는 우리는 누구인가?

이 질문은 그리스도 안에서 지니고 있는 우리의 놀라운 권세를 이해하지 못하는 사람들이 종종 제기하는 질문이다. 이러한 질문이 근거하고 있는 다음 구절을 살펴보자.

"천사장 미가엘이 모세의 시체에 대하여 마귀와 다투어 변론할 때에 감히 훼방하는 판결을 쓰지 못하고 다만 말하되 주께서 너를 꾸짖으시기를 원하노라 하였거늘"(유 9절).

모든 그리스도인들을 돕는 자인 천사장(단 12:1)이 사단과 다투어 아무런 비난도 하지 못했다면, 어떻게 우리가 공개적이고도 공격적으로 마귀를 꾸짖을 수가 있단 말인가?

태초에, 하나님은 자신의 형상을 따라 인간을 지으셨으나 천사들보다는 조금 못하게 하셨다(시 8:5 참조). 범죄한 인간의 형상으로 성육신(成肉身)하시고 십자가에 달리사 온 세상을 위하여 죽임 당하셨을 때 예수님은 영원토록 사단을 완벽하고도 온전하게 무찌르셨다.

그리스도를 믿는 사람은 자동적으로 하나님의 자녀가 된다. 이러한 사실은 신약 시대 신자의 지위가 구약 시대 성도의 지위보다도 더 높아졌다는 뜻이다. 구약 시대에 천사들은 인간들보다도 더 높은 지위에 있었다. 그러나 그리스도의 십자가 대속(代贖) 이후에 신자들은 사단을 포함한 모든 천사들보다도 더 높은 지위로 높임을 받았다.

성부 하나님은 예수님을 십자가에서 최고 정복자의 지위로 높히셨으며 자신의 오른편 보좌에 앉히셨다. 하나님은 그리스도를 하늘 보좌에 앉히사 "모든 정사와 권세와 능력과 주관하는 자와 이 세상뿐 아니라 오는 세상에 일컫는 모든 이름 위에 뛰어나게 하셨다"(엡 1:21). 모든 패배당한 적들은 이제 예수님의 발 밑에 있다.

위치상으로 볼 때 우리는 그리스도 안에 있다. 그러므로 우리는 그리스도의 승리를 공유한다. 예수님의 말씀에 따라서 우리 또한 천사의 능력과 귀신의 능력을 발 아래 두게 될 것이다.

"내가 너희에게 뱀과 전갈을 밟으며 원수의 모든 「능력」(『두나미스』, dunamis)을 제어할 「권세」(『엑수시아』, ex-ousia)를 주었으니 너희를 해할 자가 결단코 없으리라"(눅 10:19).

성부 하나님은 예수님을 하늘 보좌에 앉히셨으며, 우리가 예수님과 함께할 때 우리 또한 하늘 나라로 들어올릴 권세를 예수께 주셨다. 그러므로 우리는 원수 마귀의 보복을 두려워하지 않고 권세와 능력을 행할 수 있다.

대부분의 그리스도인들은 자신들에게 위임된 이 권세를 깨닫지 못해서 이 권세를 사용하지 않는다. 그 외에 그리스도인들은 이 권세를 깨닫고 있지만 마귀에게 "강탈"당할까 우려하여 이 권세 발휘하기를 두려워한다. 그들의 두려움과 태만 때문에 사단은 악한 일을 거침없이 계속할 수 있는 것이다.

우리는 자주 기도하면서도 우리의 권세를 행사하지 않는다.

예수님은 우리에게 사단을 꾸짖어 달라고 간구하라 말씀하지 않으셨다. 예수님은 그분의 이름으로 원수를 꾸짖으라고 우리에게 말씀하셨다. 우리는 예수님의 지체, 즉 그분의 뼈 중의 뼈요 살 중의 살로서 이 세상에서 예수님의 지체가 된다(엡 5:30 참조).

예수께서는 천사들을 위해 죽임 당하지 않으셨다. 예수께서는 인류를 위해 죽임 당하셨다. 천사들은 우리가 이 세상에서 예수님의 사역을 행할 수 있도록 하기 위하여 우리를 돕는 종들이다(히 1:14 참조). 예수께서 귀신들(타락한 천사들)을 축출하신다면, 우리도 이와 똑같은 일을 행해야 한다.

우리는 지금 예수께서 위임하신 권세를 지니고 있다. 그러므로 우리는 예수께서 우리에게 명하신 대로 행해야만 한다.

"가면서 전파하여 말하되 천국이 가까왔다 하고 병든 자를 고치며 죽은 자를 살리며 문둥이를 깨끗하게 하며 귀신을 쫓아내되 너희가 거저 받았으니 거저 주어라"(마 10:7, 8).

신약 복음의 모든 사역은 이 명령에 요약되어 있다. 만약 우리가 예수의 이름으로 치유와 귀신 축출을 행하지 않고 복음을 전파한다면, 수치스럽게도 우리는 복음 전파를 위한 더 나은 길을 알고 있는데도 그렇게 하지 않음을 만방에 알리는 것이 된다.

망망한 바다 한가운데서 배 한 척이 침몰하게 되었습니다.
모두들 구명보트에 옮겨 탔지만 한 사람이 보이지 않았습니다.
절박한 표정으로 안절부절 못하던 성난 무리 앞에 급히 달려 나온 그 선원이
꼭 쥐고 있던 손바닥을 펴 보이며 말했습니다.
"모두들 나침반을 잊고 나왔기에…"
분명, 나침반이 없었다면 그들은 끝없이 바다 위를 표류할 수 밖에 없을 것입니다.

우리는 삶의 바다를 항해하는 모든 이들을 위하여
그 나침반의 역할을 하고 싶습니다.
우리를 구원하신 위대한 주 예수 그리스도를 널리 전하고 싶습니다.

"하나님은 모든 사람이 구원을 받으며
진리를 아는 데에 이르기를 원하시느니라"
(디모데전서 2장 4절)

귀신의 세력을 쫓아내는 능력

지은이 | 맥스웰 휘트(Maxwell Whyte)
발행인 | 김용호
발행처 | 나침반출판사

재발행 | 2021년 2월 1일

등   록 | 1980년 3월 18일 / 제 2-32호
본   사 | 07547 서울특별시 강서구 양천로 583
          블루나인 비즈니스센터 B동 1607호
전   화 | 본사 (02) 2279-6321 / 영업부 (031) 932-3205
팩   스 | 본사 (02) 2275-6003 / 영업부 (031) 932-3207
홈   피 | www.nabook.net
이   멜 | nabook365@hanmail.net

ISBN 978-89-318-1191-9
책번호 가-3071

값은 뒤표지에 있습니다.